DES MOTS

LIBERTÉ, ÉGALITÉ, FRATERNITÉ

PARIS

IMPRIMERIE BALITOUT, QUESTROY ET Ce,

7, rue Baillif, et rue de Valois, 18.

DES MOTS

LIBERTÉ, ÉGALITÉ

FRATERNITÉ

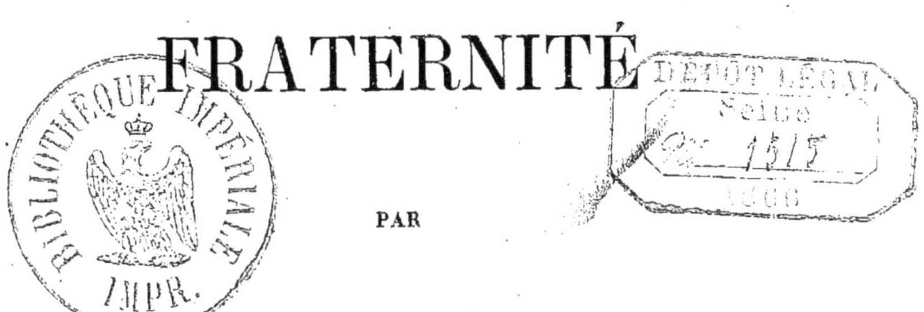

PAR

E. KLIPPEL

> Posséder la liberté et jouir de la liberté
> sont deux.

————— ✦ —————

PARIS

E. DENTU, LIBRAIRE-ÉDITEUR

PALAIS-ROYAL, 17 ET 19, GALERIE D'ORLÉANS

—

1866

Si ce petit ouvrage, lu en France, ma patrie, pouvait aider à faire mieux et plus généralement reconnaître que la société française doit principalement s'imputer à elle-même tous les revers qu'elle a subis dans la liberté, j'aurais atteint le but que je me suis proposé.

Moscou, 5 septembre 1865.

DES MOTS

LIBERTÉ, ÉGALITÉ, FRATERNITÉ

CHAPITRE PREMIER

Un Drapeau.

On ne trouvera rien dans cet écrit, absolument **rien**, qui porte l'empreinte des mauvaises passions que les mots *liberté, égalité, fraternité,* peuvent malheureusement rappeler.

C'est l'honneur de notre temps que les nations tendent à régler leurs affaires en conseil. Elles cherchent plus volontiers à s'entendre qu'à se battre ; et si autrefois, abuser de la force était presque un droit, aujourd'hui c'est une honte.

Ainsi, lorsqu'après une guerre où le droit invoqué a mal caché des projets perfides, et où la disproportion

des forces a fait parler de l'héroïsme des vaincus, il arrive que les vainqueurs osent encore se vanter, ils font
pitié, et tombent dans l'isolement, où chacun les laisse
se décerner à eux-mêmes des lauriers contre lesquels
tout esprit droit, comme tout cœur honnête, proteste.

Il y a plus. Et de nos jours, dans les pays civilisés,
les guerres, même quand elles sont justes, ne sont
plus, ou du moins tendent à ne plus être populaires
sans condition. Pour se décider, l'opinion publique a
besoin de savoir qu'on a tout fait pour éviter la guerre
et que tout a échoué. Alors, à défaut de satisfaction
suffisante reçue, en présence de l'honneur ou de l'intérêt national outragé ou compromis, un peuple qui se
respecte tire l'épée et se bat.

Pourquoi cette règle, que la conscience des nations
approuve dans les guerres extérieures, ne serait-elle
pas également bonne à suivre dans les guerres intérieures, dans les révolutions ?

Le patriotisme est l'honneur et l'intérêt des nations,
comme la liberté est l'honneur et l'intérêt d'une société.

L'un n'est pas moins respectable que l'autre, et
l'on ne voit pas pourquoi la liberté aurait plus de roideur que le patriotisme, sur l'honneur comme sur l'intérêt, — comme lui elle peut transiger.

De deux sociétés dont l'une aurait pris l'habitude de négocier, tandis que l'autre serait toujours portée à se battre, soit pour garantir, soit pour étendre ses droits, la première sera toujours, à coup sûr, la mieux assurée dans la liberté.

Je ne viens donc pas, brutalement, sonner le réveil des révolutions violentes, et je ne songe pas davantage à fomenter insidieusement des espérances que je n'oserais pas avouer.

Je n'ai rien à cacher, et je me place ouvertement au service de la liberté.

Au fond, ce livre est un reproche adressé à la société française.

Elle n'a pas su, ou bien, elle n'a pas voulu fonder sa liberté.

Les peuples sont comme les individus; quand on les accuse, et qu'ils ne sont pas seuls coupables, ils sont toujours prêts à se disculper aux dépens d'autrui. Ainsi, en France, quand il s'agit de l'insuccès de la liberté, on s'en prend toujours de préférence au pouvoir comme aux événements. On fait trois parts de responsabilité, deux grandes et une petite, et pour se justifier on prend la moindre.

Cela n'est pas équitable.

On peut faire à tous les pouvoirs qui se sont succédé en France depuis 1789 jusqu'à ce jour, à tous, aux meilleurs comme aux plus mauvais, aux plus libéraux comme aux plus despotiques, à ceux qui ont voulu avancer comme à ceux qui ont voulu reculer, aux plus sincères comme aux plus perfides, à tous, sans aucune exception, une part dans les revers de la liberté :

Les uns n'ont pas su assez bien aider, et les autres ont voulu entraver.

Après les reproches dont aucun pouvoir n'est tout à fait exempt, il faut certainement encore tenir compte des circonstances.

En pesant trop souvent et trop longtemps sur les destinées de la France, des événements funestes ont sans doute aussi contrarié le développement de la liberté. Au milieu des tourbillons où la patrie s'est vue fatalement entraînée, il ne fut aisé ni d'apprendre à vivre, ni de réussir à gouverner régulièrement dans la liberté. — Ces différentes raisons peuvent beaucoup excuser, mais elles ne justifient rien.

Quand un peuple intelligent et fort est assez brave pour se faire respecter du dehors ;

Quand, maître chez lui, il a voulu être libre et qu'il s'est donné la liberté ;

Quand, de plus, le temps ne lui a pas fait défaut ; quand il a disposé de trois quarts de siècle et que cependant il lui faut avouer qu'il n'a pas appris à vivre libre, que durant tant d'années il n'a pas joui pendant une seule minute de la liberté bien établie, au sein de la paix sociale, solidement garantie par lui-même ; dans ce cas ce peuple peut bien encore déplorer son échec, mais il a perdu le droit de l'imputer à d'autres.

Le malheur, tous les événements prévus ou imprévus qui peuvent pour un temps peser sur une société, et l'entraver, sont des épreuves providentielles à l'égard desquelles la loi est la même pour les peuples comme pour les individus. Aux uns comme aux autres, il leur faut supporter et lutter comme l'humanité tout entière doit supporter et lutter, afin de mieux mériter. Et de même que, pour avoir un sens et du prix chez l'homme, il faut que cette patience et ces efforts soient des effets de la liberté humaine, de même aussi les peuples libres doivent, avant tous les autres, prouver ce courage soumis mais actif qui seul fait bien mériter devant la Providence.

Qu'un esclave empêché de lutter se plaigne, qu'il perde patience et qu'il ose accuser le sort ; c'est presque son droit. Un peuple libre ne conserve pas même ce droit incertain, il l'a perdu en gagnant la liberté.

Le peuple français se trouve-t-il bien mieux autorisé quand, après avoir fait aux événements une part trop grande, il accuse encore ses gouvernements ?

Qu'aurait-il à **répondre** si, quittant sa tombe, le plus sincère de tous les pouvoirs qui l'ont jadis gouverné dans la liberté, venait à lui dire :

De quoi vous plaigniez-vous, et qui accusez-vous ?

Vous n'avez pas réussi dans la liberté ; vous le plaignez, et vous nous accusez !

Regrettez, soyez affligés, humiliés, vous le pouvez : non, vous le devez. Mais gardez-vous de trop accuser.

Libres, vous avez voulu vous diriger en tout et il nous était défendu de vous forcer en rien. Vous êtes donc mal reçus à nous reprocher de ne pas vous avoir désobéi pour vous faire réussir là où vous avez échoué ; et en nous accusant, vous vous condamnez.

La liberté est juste ; elle donne beaucoup au peuple, mais elle ne fait pas tort au pouvoir. Elle n'accorde pas tous les droits à l'un, elle n'impose pas tous les devoirs à l'autre, et quand elle règne le peuple ne doit pas tout se permettre, comme le pouvoir ne peut pas tout garantir.

La liberté est un droit accordé et un devoir imposé au peuple comme au pouvoir.

Pour le peuple, c'est le droit de se conduire lui-même et le devoir de se bien conduire.

Pour le pouvoir, c'est le droit de gouverner selon les lois, en se tenant à son rang à la tête de l'État, et le devoir de respecter en tout la saine volonté du peuple.

Tant que l'une ou l'autre de ces conditions n'est pas remplie, la liberté est viciée, et comme au fond le peuple est souverain, il mérite le premier la louange ou le blâme pour tout ce qui finit par être salutaire ou nuisible à sa liberté.

Telle est la vérité !

L'avez-vous jamais reconnue et vous y êtes-vous jamais conformés ?

Le monde le sait ; vous adorez la liberté et vous savez mourir pour elle.

Elle a votre amour. Mais vous l'aimez plus pour ses charmes que pour ses qualités, plus pour en jouir que pour la servir ; avec feu quand elle donne, mais tièdement aussitôt qu'elle exige. Vous êtes son amant.

A ses côtés vous avez connu tous les emportements et toutes les lassitudes de la passion. Vous l'avez courtisée et elle vous a souri, mais vous n'avez jamais voulu l'épouser, et jamais elle ne vous a donné toute son âme.

Tout le prouve ; la noblesse de vos sentiments comme le délire de vos passions dans la révolution ; le délaissement de la liberté sous le premier Empire comme la violence de vos inquiétudes sous la Restauration. — En vous suivant jusque-là, il faut commencer par vous admirer, et si ensuite, tout obligé qu'on se trouve de condamner l'abus, de blâmer le peu de cas et de regretter l'usage que vous avez successivement fait de la liberté, on peut cependant encore vous excuser, tout vous condamne plus tard.

En 1830, vous avez passé de la haine contre l'arbitraire à la méfiance contre le pouvoir. Au lieu de vous élever vers la liberté, vous l'avez attirée vers vous et vous l'avez abaissée. De la divinité vous avez fait une servante et vous ne l'avez pas respectée. Vous l'avez flattée. Pour l'engager, vous lui avez parlé d'amour, pour l'intéresser vous lui avez soufflé toutes vos petites passions, et cela fait, vous l'avez placée en sentinelle à nos côtés.

Alors, puérilement rassurés, vous avez voulu jouir de la liberté, et pour y réussir vous avez fait les méchants. Vous avez prétendu nous traiter comme des menins à gros gages payés pour tout souffrir, comme des malheureux salariés, incertains du lendemain, réduits à s'avilir pour rester en place.

— Chacun pense à soi, et l'être le plus faible veille à sa conservation.

Nous, le pouvoir incessamment menacé, nous avons obéi à la loi commune, et nous avons tâché de nous garantir.

Ainsi votre méfiance a provoqué la nôtre; et ce sentiment, devenu réciproque, a grandi. Il a commencé par tout entacher et fini par tout vicier.

Tous nos actes et tous les vôtres, tout ce que nous avons fait ensemble et tout ce que nous avons fait séparément, tout a porté son empreinte.

Il a tout gâté, tout envenimé jusqu'au jour où, après plus de dix-sept ans, il a, hélas! fini par ruiner la liberté.

Dites-le; lequel des deux est le plus coupable, celui qui crée une situation fausse ou celui qui la subit?

Prononcez, et, entre vous et nous, tout sera jugé.

Est-il juste d'accuser ainsi?

Il importe peu de l'examiner en ce moment. Plus tard, quand nous plaiderons la cause du peuple, on

verra qu'il n'y a guère que des circonstances atté-
nuantes à faire valoir en sa faveur.

En général, un mal permanent ne vient pas de causes
passagères ; et dans la vie, relativement longue, des
nations, les circonstances changent, tous les événements et tous les pouvoirs passent, mais le peuple
reste.

Or, depuis, soixante-quinze ans, le peuple français
a toujours mal réussi dans la liberté. Il doit donc en
être lui-même la première cause.

Il faut le lui dire, et on le peut, car ce peuple a
l'esprit droit et le cœur haut : il aime la vérité.

Les mots France, société française, peuple français, les Français, le peuple, le pays, ont plus d'une
signification, et ils ne désignent pas toujours tout ce
qu'ils disent. Ainsi, on peut dire la société française,
et ne penser qu'à une partie, à certaines classes de
cette société.

Cette élasticité des mots peut servir quand on ne
veut ou qu'on n'ose pas tout dire ; mais, bien loin
d'aider, elle embarrasse quand on tâche d'être clair.

Il faut donc préciser et remonter, pour y réussir,
à la définition de la liberté.

La liberté est un droit, un droit que certains peuples

possèdent et dont ils tirent bien parti; un droit que d'autres peuples possèdent et dont ils tirent mal parti; un droit auquel toutes les sociétés humaines aspirent et dans l'usage duquel chacune doit faire ses preuves : Une société est libre quand elle possède le droit de se diriger d'après sa propre *prudence*.

Sous peine de rester dans le vague, et au risque de s'y perdre, il faut personnifier cette prudence, dire où elle se trouve, comment elle peut grandir et comment elle doit se répandre.

Elle n'est pas également répartie entre tous les membres de la même société, et on ne la trouve pas en faisant une simple addition. Ce n'est pas une somme d'unités équivalentes, et le nombre, si grand qu'il soit, ne lui donne pas toujours assez de prix.

La prudence des nations a des sources qui la nourrissent, des foyers qui l'éclairent, des règles qui la guident. Toutes ces ressources ne sont pas également à la portée de chacun. Il y a des hommes qui les connaissent le mieux et qui en savent user le mieux. Tout ceux-là, pris ensemble, sont l'expression la plus juste de la prudence sociale, et collectivement ils se nomment : *les classes supérieures de la société*.

Comme il est impossible de parler soit de liberté,

soit d'égalité, soit de fraternité, sans toujours se préoccuper de ces classes, il convient de les définir dès à
présent.

Où faut-il les recruter? Comment faut-il les recruter? Et qu'ont-elles à faire dans une société démocratique? dans une société où règne l'unité des lois,
unie à l'égalité de droits civils, dans la société française ?

Tout Français qui, dans sa sphère, offre à la fois les
meilleures garanties d'intelligence éclairée, de droi-
ture et de volonté forte, fait de droit partie des classes
supérieures de la société.

Ces hommes d'élite forment (qu'on me pardonne de
parler au présent, j'y gagne la satisfaction de croire
un instant que tout ce que je souhaite le plus à ma
patrie se trouve accompli), ces hommes d'élite forment
les anneaux naturels qui embrassent séparément, mais
relient entre elles, toutes les classes de la société; et
ainsi ils offrent des points de contact par lesquels doivent passer, pour aller se répandre dans des milieux
différents, toutes les idées saines, d'où qu'elles viennent, d'en haut ou d'en bas.

Leur activité comme leur valeur libre et diverse ne
reconnaît qu'une loi, une loi de simple bon sens :

Ils ne parlent pas d'égalité.

Naturelle ou acquise, la valeur de chacun n'est pas la même, et ils le reconnaissent. Bien loin de s'en choquer, ils tâchent d'en profiter, et pour y réussir ils commencent par se défendre l'abus de l'inégalité. Ensuite, ils s'obligent à faire tout ce que l'inégalité commande, et enfin, et surtout, ils s'engagent à toujours faire usage, bon usage de tout ce que l'inégalité permet.

En un mot, ils respectent l'inégalité.

Telle est la loi qu'ils suivent, et à laquelle ils tiennent comme au plus sûr gage d'ordre et de progrès.

Elle écarte l'abus et provoque l'activité ; elle met un frein à l'ambition des médiocrités inquiètes, et permet ou commande toujours au mérite tenu en garde contre ses propres entraînements, de conserver ou de prendre la place qu'il doit occuper.

Ainsi, quand ces hommes sont appelés à se mettre d'accord sur des questions dont l'infinie variété exige des capacités différentes, la loi qu'ils observent les prédispose toujours à laisser, comme à faire prendre à chacun, toutes les fois qu'il le faut, ici, le rôle du maître, et là, celui du disciple.

D'ailleurs ces hommes ne forment pas un corps sé-
paré, et ils n'ont point de priviléges.

Égaux devant la loi, ils vivent disséminés-sur tous
les points du pays; et leurs rangs, assez larges pour
tout embrasser, sont toujours ouverts à chacun. Mais
pour y entrer il faut en être digne.

A l'égard du reste de la société, tous les membres
des classes supérieures ne sont rien que des citoyens
jaloux de bien mériter, et respectés à ce titre.

En tâchant de faire prévaloir leurs principes, ils
tendent sans cesse à faire mieux respecter l'inégalité,
et ainsi ils deviennent, chacun dans son entourage, les
plus utiles propagateurs de ce bon sens mieux éclairé
qui les distingue, et dont la semence, répandue et
cultivée par leurs soins, doit lever partout pour donner partout des fruits inégalement précieux, mais toujours profitables à l'honneur comme à l'intérêt commun.

Ainsi, en exerçant l'ascendant qu'elles tiennent de
l'inégalité, les classes supérieures dirigent des hommes
libres de se laisser diriger et, à ces titres, elles sont
les chefs naturels de la société.

Mais, pour être un corps d'élite, ces classes ne sont
pas elles-mêmes sans direction, et l'inégalité qui les a
recrutées leur donne aussi des chefs.

Les chefs naturels des classes supérieures de la société sont ceux qui, admis comme tous les autres membres, à cause de leur supériorité intellectuelle et morale relative, se distinguent le plus sur ces points, et trouvent encore dans la fortune qu'ils possèdent, comme dans les loisirs qu'elle donne, des ressources plus grandes pour faire prévaloir, dans la sphère où ils vivent et plus loin au-delà de cette limite, l'opinion qu'ils professent, l'avis qu'ils émettent, l'exemple qu'ils donnent.

Ainsi, sans offenser en rien l'égalité devant la loi, l'inégalité, naturelle ou acquise, conduit à diviser toute société démocratique en trois classes :

Les chefs des classes supérieures, ces classes elles-mêmes et le peuple.

N'est-ce là qu'une division arbitraire, imaginée par système? ou peut-on dire que les choses se passant ainsi dans toutes les sociétés qui jouissent de l'égalité devant la loi, il est au moins superflu d'en parler?

Ni l'un ni l'autre.

On n'imagine rien quand on constate simplement ce que chacun peut voir, pourvu qu'il consente à regarder; et il n'est pas superflu de parler de leur devoir à des classes qui, pour être toujours très-influentes, ne sont pas cependant toujours sans reproche.

Les classes supérieures existent partout, et on ne peut les abolir nulle part. Il les faut; et ceux qui pourraient les détruire aujourd'hui, les remplaceraient forcément demain. De plus, et qu'elles s'en rendent compte ou non, elles ont toujours des chefs qui agissent sur elles comme elles agissent elles-mêmes, et, qu'elles s'y appliquent ou non, sur tout le reste du peuple; par influence.

La dispersion des lumières à laquelle ces classes contribuent, naturellement, presque sans effort, soit avant, soit avec, soit après l'enseignement régulier, offre, entre autres, une preuve de la direction qu'elles reçoivent comme de la direction qu'elles donnent, et témoigne des facilités qu'elles trouvent dans leur situation intermédiaire, autant pour gagner elles-mêmes que pour faire gagner au peuple.

Ainsi ces classes ne sont pas à créer et on ne peut pas les détruire.

Elles sont une grande force disponible qu'il faut utiliser; et comme il dépend d'elles seules de bien disposer d'elles-mêmes, on est en droit d'exiger qu'elles ne se tiennent jamais au second rang, tantôt mollement actives, tantôt passives, à la suite de cette autre puissance qu'on est convenu d'appeler la force des choses, et qui, le plus souvent, n'est qu'un prétexte pris par la lâcheté. On peut, on doit exiger qu'elles se tiennent toujours au premier rang et qu'elles s'y conduisent comme des hommes fermement résolus à faire leur devoir, tout leur devoir au service de la liberté.

A ces titres, et à cette condition les classes supérieures d'une société démocratique personnifient la prudence sociale nécessaire dans la liberté.

Elles ne sont pas cette prudence de hasard qui peut se rencontrer passagèrement sur un point isolé presqu'inaccessible au sommet de l'État, et qui ne suffit jamais, parce qu'elle n'offre jamais assez de garanties. Elles sont la prudence assurée, la prudence très-répandue, facilement abordable, la prudence mêlée à tout, la prudence sans diadème, la simple prudence dont la liberté ne peut se passer, et qu'il lui faut trouver incessamment active à toutes les hauteurs, partout, sur tous les degrés de l'échelle sociale.

Ainsi, quand on fait à la société française le reproche de ne pas avoir fondé sa liberté, il ne s'agit et il ne peut être question de rien que des classes supérieures de cette société.

Leur prudence n'a pas répondu aux besoins de la liberté.

Et cependant; il n'est que juste de le reconnaître ; à toutes les époques, pour tous les besoins de l'État, pour la guerre comme pour la paix, ces classes ont amplement fourni des hommes capables, actifs, dévoués, qui ont bien servi la patrie. Semblables à une riche pépinière, elles ont fourni beaucoup de sujets précieux.

Elles ont fait honneur à la France, mais elles n'ont point peuplé les champs de la liberté.

Très-distinguées par le mérite individuel, mais toujours trop divisées, elles n'ont pas agi collectivement. Elles n'ont jamais pu s'accorder, et l'esprit d'association, mal cultivé par elles, leur a toujours peu rendu.

A ce titre, et que ce fût de leur part impuissance ou mauvais vouloir, elles sont la cause, la cause mère de tous les maux que la liberté a soufferts en France.

Ces réserves faites, je poursuis.

Le peuple français est passé maître dans l'art de faire des révolutions. Il n'en est pas qui sache aussi bien que lui, d'un coup d'épaule renverser un trône, et d'un trait de plume rédiger une constitution.

Pendant la bataille il agit moins par haine que par

enthousiasme, et après la victoire ses prétentions restent toujours les mêmes.

En s'adressant au nouveau pouvoir prêt à gouverner, il s'autorise invariablement à lui dire : Ma tâche est faite et la vôtre commence. J'ai conquis mes droits et je les ai rédigés. Prenez ce papier, lisez-le, jurez lui fidélité et faites-moi jouir de la liberté.

En vérité, ce peuple croit qu'une bonne constitution, un pouvoir libéral et une société suffisamment jalouse de ses droits sont les trois conditions nécessaires et suffisantes au succès dans la liberté.

S'il n'y fallait que cela, si la liberté était à si bas prix, on pourrait à bon droit s'étonner de la voir si peu répandue. Car, à ce compte, deux choses fort simples, une médaille promise à l'auteur de la meilleure constitution, et un fauteuil offert au personnage le moins inquiet de prêter serment pour se laisser faire président ou roi, surveillé par un peuple ennemi du parjure, auraient toujours dû suffire à tout, partout.

Une vieille habitude longuement contractée sous le pouvoir absolu, et une fausse croyance de plus fraîche date, sont les deux causes intérieures qui ont le plus contribué à faire tomber comme à maintenir le peuple français dans cette erreur sur la liberté.

L'habitude de tout attendre du pouvoir absolu est devenue la prétention de tout exiger du pouvoir dans la liberté ; et l'esprit de système, brusquant l'introduction de la liberté, a trop longtemps fait croire à la souveraine efficacité d'une bonne constitution.

A ces deux causes, sur lesquelles je reviendrai plus tard, il faut en ajouter une autre ; une cause extérieure : le langage que tiennent certains peuples libres.

Sans le dire précisément, le plus considérable de ces peuples, celui sur les institutions duquel nous avons longtemps pris modèle, le peuple anglais, laisse volontiers sous-entendre que sa constitution possède la vertu de le faire jouir de tous les droits qu'elle donne. A l'écouter, on pourrait croire que la loi anglaise est comme une plante qui porte naturellement et sans que personne s'inquiète beaucoup de la cultiver, l'excellent fruit de la liberté.

Il n'en est pas ainsi. Un simple coup d'œil jeté sur l'histoire le prouve.

La constitution anglaise ne fut jamais toute neuve. Le peuple anglais ne se l'est jamais donnée et il ne l'a jamais ni reçue, ni trouvée toute faite, d'une pièce. Elle ne porte aucune trace de cet esprit de système qui embrasse tout à la fois et qui se flatte volontiers d'avoir tout fait aussitôt qu'il a tout dit.

Elle n'a jamais subitement surgi comme une création surnaturelle, achevée en naissant, complétement développée sans avoir passé par l'enfance. — Née petite, elle a grandi lentement, et elle ne date pas de 1688. A cette époque le peuple anglais s'est consulté pour se mieux diriger.

Il a mieux réglé et il a fait reconnaître d'anciens droits bien appréciés pour avoir été pratiqués. Dans sa grande révolution à lui, il n'a pas tout renversé pour tout réédifier ; il s'est trouvé à l'étape sur le chemin de la liberté, il s'y est ravitaillé, et puis il a poursuivi avec plus de sûreté la route cherchée et parcourue en partie avec des chances très-diverses depuis longtemps.

En réglant ses droits, il n'a rien inventé ni rien copié. Déjà riche en éléments de succès, son passé lui a permis de tout puiser dans son propre fonds.

On sait en effet comment, dès la fin du onzième siècle, deux aristocraties ennemies, une aristocratie de vainqueurs et une aristocratie de vaincus, mais chacune déjà trop forte pour céder la place à l'autre, se sont rencontrées dans le berceau de l'Angleterre moderne.

Impuissantes à se détruire, mais longtemps en guerre, il leur a fallu, pour se défendre, rester unies séparément, et dès lors l'esprit d'association, c'est-à-dire l'esprit qu'il faut dans la liberté, est devenu le leur par nécessité.

Après avoir ainsi adopté l'une et l'autre le plus sûr moyen pour bien tirer parti de toutes leurs ressources, l'une comme l'autre a encore tâché d'augmenter sa force en se recrutant dans le reste de la population.

Quand deux grands partis, forcés de se tolérer et portés à se recruter, ainsi prennent séparément l'habitude de discuter et de prendre des résolutions en commun pour se diriger chacun dans ses propres affaires, ils ne peuvent pas indéfiniment rester en guerre. Ils sont chacun à l'école de la liberté. Ils doivent s'y rapprocher et finir par demander à la légalité bien appréciée de part et d'autre des garanties que la violence ne leur a jamais assurées.

Je n'insiste pas ; il n'est pas nécessaire de rappeler ici comment, de l'avis du guide le plus sûr en histoire (1), le peuple anglais et les lois qui lui garantissent la liberté ont lentement grandi ensemble.

---

(1) **Guizot**, *Essai sur l'Histoire de France.*

On peut suivre ce développement simultané dans toutes ses vicissitudes et le juger en se plaçant à des points de vue très-divers. Mais de quelque côté qu'on l'envisage, il faut toujours tenir compte d'un fait qui, au fond, a dominé toutes les situations, et reconnaître que la constitution anglaise, sans jamais surprendre personne, a toujours suivi le développement des classes supérieures et précédé celui des classes inférieures de la société. Elle s'est faite progressivement, sous l'influence du besoin de réforme longuement pressenti, mais satisfait chaque fois, ou du moins le plus souvent à temps, au moment où le droit nouveau sainement apprécié en haut, était assuré de trouver dans l'aristocratie des hommes décidés à le respecter comme à le faire respecter et, dans le peuple, des hommes préparés, sagement prédisposés à se laisser guider pour apprendre à l'exercer.

Ainsi la constitution anglaise a chaque fois reçu et donné l'impulsion. Pendant des siècles, son caractère et celui de la nation ont agi l'un sur l'autre. Ils se sont développés ensemble, et, à mesure qu'ils ont grandi, l'un a toujours pu s'identifier à l'autre.

Il est donc naturel et juste que les Anglais vantent et se félicitent de posséder leur constitution. Elle les rend libres ; elle leur permet de jouir, mais elle ne les fait pas jouir de la liberté.

Si, comme nous, ce peuple avait longtemps vécu et grandi sous le despotisme sans contre-poids ou trop peu contre-pesé ; et si, il y a quelque soixante-quinze ans, on lui eut subitement donné sa constitution actuelle toute faite ; il n'en saurait probablement pas tirer parti aussi bien qu'il le fait aujourd'hui.

Ce qui lui a principalement valu le succès dont il jouit en s'appliquant toujours à le mériter, c'est qu'en créant ses lois progressivement, il a aussi progressive-ment appris à servir la liberté.

Or, tous les peuples n'ont pas la même histoire ; et une société très-civilisée, mais encore privée de liberté, ne peut pas, afin d'apprendre à se diriger elle-même, bif-fer son passé, reculer dans le temps et aller se remettre à la gêne au berceau, à côté de la liberté au maillot. Il lui faut prendre ou recevoir une liberté faite à sa taille, suffisamment développée, forte et belle ; une compagne digne de respect et capable de se faire respecter.

Quand une Constitution libérale , quelle que soit d'ailleurs son origine , satisfait à ces conditions, elle invite le peuple, mais elle ne lui apprend pas à faire son devoir dans la liberté.

Et quand les hommes d'Etat anglais, exagérant la valeur de leur régime, laissent trop croire qu'il n'en est pas ainsi chez eux, et que leur Constitution possède la vertu de les faire jouir de tous les droits qu'elle donne, ils nuisent à tous les peuples, et principalement à ceux qui, semblables au peuple français, sont malheureusement prédisposés à peu faire eux-mêmes, mais à beaucoup trop attendre des lois dans la liberté.

N'est-ce pas, en effet, comme s'ils nous disaient : « Voyez, nous avons trouvé la loi qui nous convient, et nous jouissons de la liberté. Cherchez bien, et vous trouverez la vôtre. Faites des Constitutions, élevez des pouvoirs, mettez-les à l'épreuve, et pour si peu que ce soit, déchirez les unes, renversez les autres et recommencez. Essayez de tout, mais ne vous attachez à rien. Ce qu'il vous faut doit se trouver, car vous êtes dignes de la liberté ; mais pour en bien jouir et sans peine, n'en doutez pas, il vous faut bien choisir votre gouvernement. »

Et cependant, ils ne l'ignorent pas, ces hommes habiles à se gouverner eux-mêmes, la liberté n'est pas à si bas prix. Mais peut-être n'est-il pas imprudent de laisser une rivale se nuire à elle-même périodiquement.

Si, aujourd'hui, à la suite de quelque immense catastrophe, le peuple anglais pouvait perdre ses lois sans périr lui-même, et qu'il se trouvât forcé d'adopter l'une quelconque des Constitutions libérales que nous avons déchirées, il saurait légalement la plier à ses besoins, et demain il jouirait de la liberté.

C'est que ce peuple a les mœurs de la liberté. Il sait comment il faut se conduire dans la liberté, il s'y applique, et, au besoin, il saurait prouver que toute Constitution étant bonne en principe, à cette seule condition qu'elle laisse prendre les mœurs de la liberté, aucune de toutes celles qui permettent de garder comme de développer ces mœurs ne saurait être mauvaise dans la pratique.

Je me défends de rien exagérer. Pour apprendre à vivre libre, il faut de la liberté, assez de liberté. Il en faut, comme pour apprendre à nager il faut de l'eau, assez d'eau. Mais dans l'un comme dans l'autre de ces deux cas, trop de profondeur et trop d'espace n'aident pas et sont des périls.

Depuis 1789 jusqu'à ce jour, le peuple français s'est trouvé libre, suffisamment libre plus de soixante ans, et cependant il n'a jamais joui de la liberté au sein de la paix sociale solidement garantie par lui-même. Ce que lui réserve l'avenir est caché ; mais ce qu'on peut lui prédire à coup sûr, c'est que, quand même il changerait encore mille fois de chef au pouvoir comme de Constitution, et que dût-il même une fois trouver réunis la meilleure Constitution et le plus parfait Empereur, Président ou Roi, tant de chance pourra peut-être bien lui permettre de jouir passagèrement d'une heureuse conjoncture, mais que jamais cela seul ne lui fera fonder rien qui dure dans la liberté.

Tant qu'un homme n'a pas pris les mœurs qui règnent dans la maison qu'il fréquente, il se trouve gêné. Il en est de même des peuples ; pour qu'ils se trouvent vraiment à l'aise dans les domaines de la liberté, il leur faut prendre les mœurs de la liberté.

Le peuple français n'a donc pas à choisir ; pour réussir à se bien diriger d'après sa propre prudence, il lui faut absolument prendre les mœurs de la liberté.

Quelles sont ces mœurs, et comment un peuple qui a longtemps vécu et grandi sous le pouvoir absolu, peut-il les prendre ? J'essaierai de le dire ; mais avant d'aborder ces graves questions, il convient de s'arrêter un instant à certaine opinion naguère émise sur ce même sujet.

On a prétendu que pour réussir dans la liberté, la société française n'avait qu'un effort d'imagination à faire. Qu'elle n'avait qu'à se figurer être la société anglaise de 1688, et qu'en se mettant à l'école anglaise de cette époque, elle finirait infailliblement par devenir, au bout d'environ deux siècles, aussi libre que l'heureux peuple de la Grande-Bretagne l'est aujourd'hui.

Il n'en aurait guère plus coûté, et, à coup sûr, il eût été plus logique de commencer par le commencement. Quelques siècles de plus n'y auraient rien gâté ; et au lieu de nous arrêter à Guillaume d'Orange, on aurait mieux fait de nous renvoyer à Guillaume-le-Conquérant. Alors la France, miraculeusement incarnée comme une divinité indienne, aurait offert au dix-neuvième siècle la séduisante image d'un roi barbare joint à deux aristocraties barbares disposant d'un peuple dans la servitude, et pour peu que, le miracle allant des hommes aux choses, les bords de la Seine fussent encore devenus ceux de la Tamise, nous aurions pu, en marchant bien exactement au pas des Anglo-Normands et Saxons, nos chefs de file, finir par être au bout d'une dizaine de siècles l'heureuse copie de la vieille Angleterre d'aujourd'hui.

Le bon sens public a fait justice de ces puérilités.

Quand un homme fait se trompe on n'essaie pas de le remettre au berceau, et il n'est pas bien de lui dire qu'on va recommencer à l'élever. On s'adresse à son jugement, on tâche de le convaincre, et on le respecte en lui laissant à lui-même le soin de faire le reste.

Si, pour jouir de la liberté, il fallait commencer par se dénationaliser ; s'il fallait se faire Grec ou Romain, comme on l'a prétendu dans le temps, ou Anglais, Américain, Suisse ou Belge, comme on ose encore quelquefois le conseiller aujourd'hui, toute la France outragée se révolterait contre un tel despotisme et refuserait la liberté.

Grâce au Ciel il n'en est pas ainsi.

Les devoirs que la liberté impose sont les mêmes partout; mais ils permettent à chaque peuple de conserver son caractère, tous les traits honorables du caractère qu'il a pris en traversant les siècles.

Il faut que la France reste française dans la liberté.

Sans rien perdre de tout ce qui fait leur beauté traditionnelle, elle peut garder ses mœurs et les modifier en les pliant à celles de la liberté. Et pour y réussir, elle n'a qu'à le vouloir.

Le chef d'un État peut engager à vouloir; une bonne Constitution met en demeure de vouloir ; mais la saine raison du peuple est seule capable de faire vouloir.

Il faut donc que sans trop attendre et sans trop

exiger, soit de ses lois, soit du chef de l'État, la société française, usant de sa propre volonté, s'engage avant tout elle-même à faire son devoir, tout son devoir, dans la liberté.

Heureuse à cette condition, elle sera comme une de ces belles familles qu'on peut suivre dans l'histoire, et qui, sans jamais renier leur race, ont toujours été de leur temps. Et alors, placée en vue, bien établie et pleine d'activité sur le piédestal élevé par elle-même, pour sa gloire comme pour son bonheur, il lui sera enfin donné de prouver au monde que l'honneur, l'urbanité et le courage, intimement unis à la vivacité de l'esprit comme à la bonté du cœur, sont des vertus qui ennoblissent tout et donnent un prix plus haut même à la liberté.

Encore un mot.

Les grands hommes sont l'exception, et l'homme ordinaire, moyennement doué, est la règle.

Le sort d'un peuple qui a toujours besoin de grandeur n'est donc pas bien assuré quand il se trouve trop intimement lié à la valeur d'un seul homme.

Si j'avais du génie, si j'étais Empereur des Français, et si j'étais encore nécessaire, je voudrais que mon pays apprît à se passer de moi, et je me hâterais.

Maintenant j'ai montré mon drapeau, celui sous lequel je me range et pour lequel je veux combattre.

Sa devise est liberté ; mais s'il pouvait être nécessaire d'y ajouter deux mots pour indiquer à quelles sources cette liberté puise ses lumières, et de quel sentiment elle s'inspire, il faudrait dire :

Liberté, inégalité, fraternité.

CHAPITRE II

Des Mœurs de la Liberté.

Quand on se demande pourquoi le peuple français a
fait ou laissé faire toutes ses révolutions, celles qu'il a
voulues comme celles qu'il a subies depuis 1789
jusqu'à ce jour, on est naturellement conduit à se
poser d'abord cette autre question :

Qu'est-ce que ce peuple a continuellement voulu
depuis 1789 jusqu'à cette heure?

A supposer qu'en y répondant on se trouve conduit à
reconnaître que parmi tous les biens dont le peuple
français voulut jouir, il en est un qui n'a jamais entièrement répondu à son attente, il en faudrait évidemment conclure que l'inquiétude née des échecs subis à

la poursuite d'un but toujours entrevu, mais jamais bien atteint, est, d'une part, la cause de toutes les révolutions qu'il a voulu faire pour mieux réussir ; et, de l'autre, l'excuse de tous les coups d'État qu'il a laissé faire, par fatigue, par découragement passager, à la suite de quelque revers accablant subi.

Depuis son entrée dans la Révolution jusqu'à ce jour, la France de 1789, la France nouvelle a toujours voulu trois choses : elle a voulu garder et développer son génie au sein de l'indépendance nationale universellement respectée ; elle a voulu vivre sous l'égalité devant la loi ; et elle a voulu jouir de la liberté.

Un peuple comptant trente-cinq millions d'âmes ardentes, et vivant renfermé dans un territoire relativement petit ; un peuple intelligent, brave, généreux et fier entre tous ; un peuple jaloux et digne de donner le ton à tous les peuples ; un peuple étroitement entouré de beaucoup d'autres nations puissantes séparément et toujours prêtes à se coaliser contre lui : un tel peuple a voulu, veut encore et promet de toujours vouloir vivre, indépendant comme nation, délivré de tout privilége, et libre comme société.

Jamais, dans aucun temps, sur aucun point du globe, rien d'aussi grand ne s'est vu. Jamais aucun peuple, placé dans les mêmes conditions, n'a visé aussi haut.

Le peuple français a-t-il atteint son but? Et s'il n'y a pas atteint complétement, en quoi a-t-il réussi et sur quoi a-t-il échoué?

Il s'est bravement défendu, il a sévèrement puni, et il s'est fait reconnaître. Il a vaincu dans mille combats, il s'est couvert de gloire, et par là il s'est fait respecter à jamais. On le lui a prouvé. Dans le malheur, au sein du plus cruel désastre, il est resté redouté, et depuis ce temps il n'a pas cessé de voir son indépendance universellement respectée.

Même succès sur le second point.

Après avoir fait justice du privilége, il a pardonné aux privilégiés. Il a voulu oublier. Il a généreusement invité ses anciens ennemis vaincus au partage du droit nouvellement conquis; et il a fait des ingrats. En 1830, il lui a fallu sévir de nouveau; ensuite il n'a pas cessé de se tenir en garde contre toutes les tendances rétrogrades, et cependant depuis sa délivrance il n'a pas cessé de vivre satisfait sous l'égalité devant la loi.

Enfin, ce peuple a voulu se diriger d'après sa propre prudence. Il a voulu être libre et jouir de la liberté. Pour gagner ce droit, il a tout sacrifié. Il a bouleversé tout l'antique édifice social, et, vainqueur, debout sur des ruines, il a proclamé la liberté.

Mais depuis ce temps il n'a pas toujours gardé sa conquête. Il l'a possédée, il l'a perdue et il l'a reprise maintes fois. Au fond, il y a toujours tenu; mais comme il n'en a jamais su tirer parti, il n'y a jamais bien trouvé son compte.

Ainsi, la France nouvelle poursuivant son but a bien réussi sur deux points et mal sur le troisième.

Cet échec partiel, l'insuccès dans la liberté, est donc au fond la cause de toutes les révolutions faites comme de tous les coups d'État subis par le peuple français depuis 1789 jusqu'à ce jour.

D'où vient ce revers, et à quoi sont dus les deux succès que nous avons signalés?

L'indépendance nationale, l'égalité devant la loi et la liberté sont trois droits. Un peuple peut les acquérir diversement; mais une fois qu'il les possède il n'en peut jouir qu'à une seule condition. Il lui faut absolument remplir le devoir, tout le devoir, le devoir invariable et permanent qui correspond à chacun de ces droits.

En tout ce qui concerne son indépendance comme l'égalité devant la loi, le peuple français a bien fait tout son devoir; mais il ne l'a pas rempli à l'égard de la liberté.

En effet :

Le devoir qui correspond à l'indépendance nationale, au droit international en vertu duquel un peuple dispose de tous ses biens et de lui-même, de son corps comme de son âme, sans s'inquiéter d'aucun autre peuple; ce devoir, c'est le patriotisme.

Chérir, respecter et faire respecter la patrie dans tous les temps, en tout lieu et dans toute chose, dans la bonne comme dans la mauvaise fortune, sur les champs de bataille comme dans les champs de labour, sur la place publique comme au sein de la famille, dans tous les travaux dans les arts, dans les sciences, dans les lettres; lui témoigner incessamment de l'amour par les actes, par les idées comme par les sentiments; avoir, en un mot, du patriotisme en tout et le montrer partout, tel est le devoir d'un peuple qui veut rester lui-même, développer son génie et grandir au sein de l'indépendance.

Aux âmes bien nées le devoir ne pèse jamais trop, et si, grâce à toutes les faveurs dont la Providence l'a comblé, le peuple français a du patriotisme; s'il lui est naturel de remplir, par pur amour, avec bonheur, un devoir impérieux, le premier devoir des nations, il n'en a pas moins le mérite de tenir, en agissant ainsi, une conduite bien digne d'éloges, et dont tous les bénéfices lui sont très-justement acquis.

Tous les peuples n'ont pas le même patriotisme : intelligent, large et chaud chez les uns, il peut être ignorant, étroit et froid ailleurs.

En France, l'indépendance nationale est le fruit du patriotisme dans toute sa beauté; le prix et l'honneur du patriotisme naturel dans ce noble pays.

Il est également naturel et relativement facile au peuple français de remplir tous les devoirs qui correspondent à l'égalité devant la loi.

Opposée au privilége, au favoritisme dans la loi, l'égalité devant la loi est, avant tout, de l'équité; un témoignage d'amour donné à l'équité; et en attendant plus de justice de l'application d'un autre principe bien autrement équitable, mais très-difficile à pratiquer, en attendant plus de justice de la proportionnalité, un précieux gage d'équité.

A ce titre, le premier devoir d'un peuple qui la possède est de la préserver et de s'y appliquer en s'opposant à la reconnaissance du privilége, à la renaissance de la vieille iniquité dévoilée, comme à la naissance de toute nouvelle iniquité, si habile qu'elle soit à se cacher sous le masque de l'égalité.

Sur ce point, la France de 1789 n'a jamais fait défaut au devoir.

Depuis sa délivrance jusqu'au jour où, poussée à bout, il lui a de nouveau fallu faire justice, elle s'est toujours opposée au rétablissement de l'ancien privilége. Elle n'a pas voulu fléchir. Et malgré la force unie à la ténacité de ses vieux ennemis au pouvoir, elle n'a jamais subi aucune de leurs prétentions surannées. Et quand, plus tard, après la chute de l'ancien régime définitivement vaincu, la France nouvelle a vu sortir de son propre sein de nouveaux prétendants au privilége, des prétendants plus nombreux, mais pas mieux autorisés que les premiers, son cœur, passagèrement ému aux accents du sentiment invoqué, s'est bientôt raffermi ; et après un court essai, bien chèrement payé, elle a fait, par bon sens, justice du privilége revendiqué d'en bas, comme elle avait fait autrefois, et comme, s'il le fallait, elle saurait encore dans l'avenir faire justice du privilége essayant de s'imposer d'en haut.

Mais l'égalité devant la loi n'est pas qu'une barrière élevée contre le privilége, c'est aussi une barrière abaissée devant le mérite. Elle a détruit tous les champs-clos d'autrefois. Elle n'a plus voulu de ces enceintes armoriées, outrageusement réservées au brutal orgueil comme à l'outrecuidante vanité de quelques champions blasonnés. Au lieu de s'enfermer fastueusement pour voir rompre quelques lances privilégiées, elle s'est donné du champ, elle a pris tout le vaste champ de la patrie ; elle s'y est fixée, et là elle convie et préside loyalement au tournoi universel et permanent où, sans accorder aucune faveur à personne, elle reconnaît à chacun le droit de prouver ce qu'il vaut.

A ce droit inestimable correspond un devoir : le devoir de descendre dans l'arène et d'y faire ses preuves.

Ici encore un Français se trouve si naturellement porté à faire son devoir, tout son devoir, il lui en coûte si peu, il s'en trouve si bien, et il en est si fier, qu'il se tiendrait pour insulté par qui voudrait l'en dispenser.

Ce mérite n'est pas vulgaire ; et sans aller chercher au loin quelque peuplade languissant énervée sous le soleil brûlant de l'Asie, on pourrait trouver, en Europe même, des nations qui, sans être dépourvues de mérite, tiendraient cependant relativement peu à jouir des droits que donne, comme à remplir les devoirs qu'impose l'égalité devant la loi.

Fille du courage et de la dignité individuelle, la personnalité française a revendiqué l'égalité devant la loi. Elle a conquis ce droit et elle le protége comme elle le féconde, en alimentant sans cesse l'ardente émulation d'un peuple entier.

Ainsi, grâce à la noblesse de son caractère, le peuple français, après avoir une fois conquis son indépendance comme l'égalité devant la loi, a pleinement joui de chacun de ces deux droits, parce qu'il a fait tout son devoir, tout ce qu'il a dû faire pour le mériter.

Assurément, il ne s'est point ménagé à la peine. Il a toujours largement payé de ses biens comme de sa personne, et il n'a jamais cru trop faire.

Cela l'honore.

Mais en faisant son devoir, il a joui d'un avantage : il a pu suivre son penchant et garder ses mœurs. Il n'a pas eu besoin de se réformer; il ne lui a pas fallu commencer par se rendre propre à l'œuvre. Il y était apte naturellement, et il a pu s'y mettre et réussir sans rien adopter qui lui eût pesé, sans rien sacrifier qui lui eût trop coûté. Bien doué, il a fait bon usage de ses qualités, et quelques-uns de ses défauts l'ont même servi.

Après tout le bien qu'il a produit, ce double succès obtenu dans ces conditions a beaucoup nui. Il a fait croire en France qu'un peuple bien doué peut réussir à tout sans avoir jamais besoin de se réformer en rien, qu'un tel peuple doit toujours suivre ses penchants, et que pour jouir d'un droit acquis il ne lui faut que le défendre.

Cette prétention, d'ailleurs toute française, a causé et cause encore le plus grand tort à la liberté. Elle a fait, et elle laisse encore trop croire que pour jouir de la liberté il ne faut que la posséder et savoir se battre pour elle. Et de ce sentiment du devoir ainsi vicié est née l'idée que le peuple français n'a pas besoin de se faire à la liberté, mais qu'elle doit se faire à lui, qu'il ne lui doit rien qu'un asile, et qu'à ce prix elle est obligée de le satisfaire en tout sans lui demander rien.

Or, le devoir qui correspond à tous les droits que la liberté donne, le devoir, à défaut duquel toute liberté, si bien constituée qu'elle soit, reste stérile ; ce devoir impérieux, c'est le devoir de servir la liberté ! Et servir la liberté c'est reconnaître, prendre et pratiquer pour mieux les développer les mœurs de la liberté.

Quelles sont ces mœurs ?

En 1789, le peuple français a pris des idées nouvelles et gardé des mœurs vieillies. Des mœurs que les idées nouvelles avaient effleurées sans les régénérer. Ce n'étaient plus les mœurs que le despotisme préfère, mais ce n'étaient pas encore celles de la liberté. C'étaient des mœurs dont le despotisme a toujours pu, et dont il pourra toujours se contenter.

Or, quand un peuple libre d'esprit, mais esclave de ses habitudes, entre dans une nouvelle carrière où d'autres devoirs à remplir exigent une autre conduite à suivre, il se prépare un échec.

Éclairé par ses idées, il discerne le but ; mais, entravé par ses goûts, il le poursuit mal, s'en irrite et le manque. Pour réussir, il lui faut absolument agir sur lui-même, se réformer. Tant qu'il s'y refuse il se fait tort à lui-même, et s'il persiste, il devra toujours échouer.

Le peuple français a persisté.

Il n'a pas su ou il n'a pas voulu quitter ses vieilles habitudes longuement contractées sous le despotisme. Il n'a pas su ou il n'a pas voulu se réformer lui-même, modifier son caractère et plier ses mœurs à celles de la liberté.

Esclave de ses penchants et trop satisfait de lui-même, il a prétendu vivre dans l'isolement individuel comme sous le despotisme, et jouir de la liberté sans lui rien donner, sans la servir.

C'est pourquoi ce peuple n'a jamais réussi dans la liberté.

Qu'aurait-il dû faire, quelles sont les mœurs qu'il aurait dû prendre, sur quels principes fondamentaux reposent les mœurs de la liberté, ces règles de conduite que certains peuples suivent et dont ils se trouvent si bien, tandis que le peuple français, qui y répugne, persiste à se conduire comme s'il n'avait pas encore compris que rien au monde, absolument rien n'en peut tenir lieu ?

Pour s'en rendre compte, on pourrait prendre telle maxime qui résume assez bien les mœurs d'un peuple sous le despotisme, et voir ensuite comment il faudrait la modifier dans la liberté. Ainsi, par exemple, on pourrait demander ce qu'un peuple libre trouverait à changer au second et au quatrième terme de cette maxime : « chacun chez soi, chacun pour soi, le gouvernement pour tous, et chacun entre les mains du gouvernement. »

En analysant ces objections, on verrait en quoi le despotisme contrarie, et quelles sont les mœurs de la liberté.

Au premier abord, cette marche paraît bonne ; mais je ne la suivrai pas, car ce serait en quelque sorte reconnaître que le despotisme doit toujours précéder la liberté; c'est-à-dire que pour apprendre à se gouverner lui-même, tout peuple doit nécessairement d'abord passer et souffrir sous le despotisme.

Je ne partage pas cette erreur, et je ne veux pas abaisser la liberté; elle est vraiment fille du ciel, et pour découvrir la loi de la liberté comme elle est bonne aux hommes, la loi de la liberté sociale, il faut remonter à la loi que Dieu lui-même impose à l'homme, à la loi comme Dieu a trouvé bon de la faire à la liberté humaine.

De tous les êtres à nous connus dans la création, l'homme seul prévoit la mort.

Pourquoi Dieu a-t-il ainsi donné à l'homme conscience de la mort?

Serait-ce que Lui, le Créateur tout-puissant, il eût jamais pu se trouver à court de ressources, et qu'après avoir vainement cherché le moyen d'inspirer aux hommes un sentiment de crainte salutaire il se fût résolu à les tromper, à leur mentir?

Est-il raisonnable d'admettre qu'après avoir déposé dans l'âme de chacun cette vague mais irrésistible appréhension de vie future dont les religions de tous les peuples témoignent, Dieu, dans l'embarras, se fût résigné à tromper, et qu'il eût laissé voir la mort au terme de la vie comme un épouvantail lointain derrière lequel l'homme pourrait tout supposer, mais après lequel il n'y aurait rien ?

Admettre une telle supercherie répugne au bon sens. C'est la créature osant abaisser son créateur.

Non, la mort n'est pas le masque du néant. C'est un avertissement redoutable mais salutaire ; et il a été donné à l'homme de la prévoir afin qu'il règle sa vie en vue de la mort, en vue de la vie inconnue mais certaine dans laquelle il doit entrer après la mort. Et peut-être, il est permis de le croire, cette autre vie ne sera-t-elle encore à son tour qu'une épreuve à subir sur le chemin qui mène à l'éternité, une autre vie où l'homme sera peut-être encore appelé à se bien conduire lui-même en vue d'une autre mort.

Quoi qu'il en soit de cette autre vie ou de cette suite d'autres vies inconnues, il est certain qu'ici-bas, dans cette vie connue, l'homme peut et doit tâcher de se bien diriger lui-même. Ce pouvoir et ce devoir correspondent : l'un aux ressources offertes, et l'autre aux lois faites à la liberté humaine.

Quelles sont ces ressources et quel est leur caractère essentiel ?

Toutes les facultés de l'homme, toutes ses aptitudes et tous ses sentiments sont les ressources dont il dispose pour se diriger lui-même. Et ce qui caractérise toutes ces ressources, c'est leur inégalité variable.

On les trouve inégales entre elles toutes les fois que leur similitude permet de les comparer, et comme, de plus, chacune est encore incessamment variable, c'est-à-dire susceptible de gagner ou de perdre en valeur à chaque instant, aucune n'est jamais ni l'égale de ses semblables ni l'égale d'elle-même.

Ainsi l'inégalité, une inégalité incessamment variable, règne dans toute la nature de l'homme chargé de se diriger lui-même.

Pourquoi cela?

Parce qu'il n'y a pas de liberté sans lutte, sans lutte diverse et permanente, parce que si cette inégalité incessamment variable, qui permet et provoque le plus de luttes diverses dans l'homme, pouvait se trouver remplacée soit par l'égalité constante, soit par l'inégalité invariable, le nombre des conflits possibles dans l'homme se trouverait évidemment annulé ou diminué, et qu'alors la liberté humaine perdrait ou n'aurait plus toute sa raison d'être.

Ainsi l'inégalité universelle et variable qui règne

dans l'homme se présente d'abord comme la source de toutes les luttes qui se livrent dans chaque individu.

Considérée à ce point de vue, elle est la cause qui, nécessitant une direction, donne un but à la liberté humaine.

Mais ce n'est pas tout. Et l'inégalité qui cause la lutte et ses périls offre en même temps les ressources les plus sûres pour tout diriger.

En effet :

Grâce au mouvement universel et permanent que l'inégalité provoque dans chaque individu, la volonté humaine, soit qu'elle donne ou reçoive l'impulsion, toutes les fois qu'elle se trouve aux prises avec l'une ou l'autre des mille forces diverses qui s'agitent dans l'homme, demeure incessamment active dans les conditions les plus propres à la faire grandir en force comme en intelligence. Et quand cette volonté, la volonté humaine, inégale en valeur mais perfectible, met cette situation à profit, et qu'en outre elle se tient en garde contre ses propres entraînements et se dirige sur la vertu en écoutant une autre voix, une voix moins incertaine que la sienne, la voix de la conscience, elle devient vraiment digne de diriger la lutte qui correspond à la liberté humaine.

Quand cette lutte intime et complexe qui se livre incessamment dans chaque homme et qui dure autant que l'homme lui-même est bien soutenue ; elle doit finir par une victoire, par une victoire imparfaite, comme tout ce qui vient de l'homme, par une victoire qui, visant au triomphe absolu du bien, n'y atteint jamais mais en peut approcher, et devient d'autant plus méritoire qu'elle assure plus d'empire au bien et laisse moins d'empire au mal.

Cette victoire toujours incomplète est le but assigné et correspond au droit qualifié la liberté humaine.

Ainsi, quand l'homme mis en demeure de se diriger lui-même reconnaît l'inégalité qui règne en lui, la place sous la direction d'une vertu et la laisse ensuite libre de se manifester, quand, en un mot, l'homme reconnaît, rend respectable et respecte en tout l'inégalité laissée libre de tout féconder, dans ce cas cet homme porte et pratique en lui-même dans sa vie intérieure les mœurs qui correspondent à sa liberté, à la liberté humaine.

Cette loi est la même pour l'homme comme pour une société , pour la liberté humaine comme pour la liberté sociale.

L'inégalité qui règne entre tous les membres d'une

même société, leur inégalité naturelle ou acquise morale ou physique, correspond à l'inégalité qui règne dans l'homme. Et celle-là est dans la société comme celle-ci est dans l'homme, d'une part la cause qui, nécessitant une direction, donne un but à leur liberté, et de l'autre la source la plus féconde où la société comme l'individu doit puiser pour se diriger.

Ainsi la liberté n'a qu'une loi, une seule loi pour tous les hommes et la même loi pour toutes les sociétés.

Pour bien mériter et pour finir par jouir de la liberté, un peuple n'a donc qu'un seul parti à prendre.

Il lui faut tout demander à l'inégalité, à l'inégalité empêchée d'abuser.

Et pour en obtenir tout ce qu'elle peut donner, il lui faut absolument respecter cette inégalité ; c'est-à-dire :

Renoncer à rien faire de tout ce qu'elle défend ;

Faire tout ce qu'elle commande ;

Mais surtout, s'obliger à faire usage, bon et permanent usage, de tout ce qu'elle permet.

A ces conditions un peuple libre, un peuple qui possède la liberté doit jouir de la liberté.

Car il a pris les mœurs de la liberté.

Je parlerai plus tard de la vertu qu'il faut dans la liberté, pour empêcher l'abus de l'inégalité.

En ce moment un autre soin me préoccupe.

On pourrait se demander si le respect de l'inégalité, théoriquement déduit et défini comme nous venons de le faire, est bien en effet dans la pratique la loi de la liberté.

Il faut donc le prouver.

Pour y réussir on pourrait passer en revue, suivre dans leurs succès et suivre dans leurs revers, tous les peuples qui ont vécu libres, dans l'antiquité comme dans les temps modernes.

Cet examen ferait voir qu'ils ont tous réussi à raison du respect, mais qu'ils ont tous échoué à proportion de l'indifférence ou du mépris témoigné à l'inégalité ; et le rapprochement de ces deux faits indiquant clairement que la liberté n'a jamais réussi qu'à une seule condition, on se trouverait conduit à reconnaître que cette condition inévitable est, dans la pratique comme en théorie, le respect de l'inégalité.

Au premier abord cette marche paraît bonne à prendre ; mais comme, en l'adoptant, il faudrait tenir compte d'une foule de situations très-diverses, dont l'appréciation pourrait provoquer des objections et faire ainsi naître des doutes sur une question qui n'en peut souffrir aucun, je ne la suivrai pas. Il suffit de l'avoir indiquée. Et pour atteindre le même but sans risquer aucune objection, je vais simplement examiner à qui s'adressent tous les ennemis de la liberté; si c'est à l'inégalité ou bien à l'égalité.

En voyant ce qu'il faut à ceux-là pour asservir, les peuples jaloux de se gouverner eux-mêmes reconnaîtront ce qu'ils doivent préférer.

Le despotisme sous toutes ses faces, le privilége à tous les degrés, le socialisme dans toutes ses nuances, l'anarchie invariablement odieuse, tous les ennemis de la liberté, ses ennemis naturels comme ses adorateurs insensés; ceux qui cherchent à lui nuire comme ceux qui lui nuisent ou la tuent sans le vouloir. Tous, sans aucune exception, ils sont tous d'accord sur un point : — Ils vantent tous l'égalité.

Cet accord est un avertissement qui porte à réfléchir.

Je vais donc successivement passer en revue : l'égalité sous le despotisme, l'égalité sous le privilége, l'égalité dans l'anarchie et l'égalité dans le socialisme. Après avoir traversé ces milieux impurs, je passerai à l'égalité devant la loi, d'où, après avoir estimé l'égalité à sa propre valeur; je remonterai à l'égalité devant Dieu pour indiquer enfin à quoi peut prétendre l'égalité dans la liberté.

Il ne faut que peu de mots pour caractériser la vertu de l'égalité sous le despotisme monarchique comme sous le privilége.

Quand, pour répondre à quelque cri arraché par le désespoir, les maîtres ennemis de la liberté des peuples se décident parfois à rompre le redoutable silence qu'ils imposent à leurs sujets et qu'ils gardent eux-mêmes sur toutes les questions de droit, ils tiennent toujours le même langage :

De quoi vous mêlez-vous? disent-ils, vous ignorez ce qui vous est bon et nous le savons; car vous êtes notre troupeau et nous sommes vos bergers? Écoutez donc et sachez obéir : Gagnez votre pain; portez-vous bien et payez. Un bon peuple ne demande pas d'autre droit, et c'est tout son devoir. Nous le savons, car tout nous est connu, il s'en est trouvé parmi vous qui ont osé lever la tête! Ils ont parlé, et d'autres les ont écoutés! Que tout cela finisse, et que chacun de vous retourne vite se remettre sous le niveau commun. Nous le voulons! Allez donc, et n'oubliez plus que vous êtes tous, et que vous devez tous rester à jamais égaux sous nos houlettes. Allez!

La seule vue de l'inégalité, la seule vue des hauts épis dans un champ de blé faisait mal à Tarquin-le-Superbe. Et de nos jours, naguère encore, dans les États-Unis d'Amérique, tous les noirs étaient égaux sous le fouet de leurs maîtres blancs et soi-disant chrétiens.

Ici, on le sent, le mérite de l'égalité est de laisser faire le despotisme, le despotisme d'un seul comme le despotisme de quelques-uns. C'est pourquoi elle a toutes les préférences de la plupart de ces maîtres, grands ou petits sujets, outrageusement confiants, le plus souvent incapables de se bien conduire eux-mêmes, et cependant toujours jaloux de diriger des nations.

Au fond, le despotisme monarchique est l'égalité moins un, comme le privilége n'est rien que l'égalité moins quelques-uns. Et le premier de ces deux fléaux est moins intolérable que le second, parce que l'iné-galité outragée souffre moins d'un seul despote que de mille.

Il faut le remarquer, l'inégalité ne se trouve absolu-ment bannie ni sous le despotisme monarchique, ni sous le privilége. Elle n'est pas respectée dans la so-ciété, mais dans l'un comme dans l'autre de ces deux cas le pouvoir s'en prévaut et gouverne en son nom. Assurément ce n'est pas de l'équité, et ce n'est pas non plus du bon sens. Mais , c'est encore une lueur de bon sens , et voilà sans doute pourquoi une société peut souffrir, souffrir sans mesure, et cependant vivre sous le despotisme monarchique comme sous le privilége.

Il n'en est plus ainsi dans l'anarchie, c'est-à-dire dans l'égalité sans exception, sous l'égalité dans toute sa laideur. Quand celle-ci dure, les souffrances qu'elle cause donnent la mort.

Qu'on se figure en effet une échelle immense, mais beaucoup plus large en bas qu'en haut. Elle a tant de degrés qu'on ne peut les compter, et sur chacun se tiennent des hommes. Les places d'en bas sont les moins estimées ; les suivantes valent mieux à mesure qu'elles s'élèvent, et les plus hautes passent pour les meilleures. C'est pourquoi tous ceux qui vivent en bas aspirent à monter, comme tous ceux qui vivent en haut répugnent à descendre.

Ce désir de monter et cette répugnance à descendre provoquent une lutte, la lutte pacifique à laquelle l'émulation pousse, mais où chacun ne doit ni réussir ni échouer également. Car il faut que l'échelle reste garnie.

L'un essaie de monter, mais, médiocrement doué, il

se rebute vite, s'arrête bientôt et demeure incertain. L'autre, mieux partagé, plus fort et plus persévérant, se fraie un chemin, s'élève, s'arrête à point, choisit son poste, s'y établit et le défend.

La fortune sourit à l'audace, et voici venir un grand qui marche seul et monte droit au sommet. Et tandis que tous ceux-là réussissent ainsi inégalement, mais d'autant mieux qu'ils savent mieux proportionner leur ambition à leur mérite, il y en a d'autres qui se méconnaissent toujours et n'arrivent jamais. Ambitieux sans mérite, inquiets, vaniteux et jaloux, ils errent à tous les degrés et cherchent sans cesse.

Tristes sujets, victimes de l'amour-propre mal justifié, ils s'usent à la peine, vivent mécontents et meurent irrités.

A ce mouvement, provoqué par le désir de monter, en correspond un autre où figurent tous ceux qui doivent descendre.

Ils occupaient sur les hauteurs tous les points les plus enviés, et ils n'ont songé qu'à jouir dans ces régions où le jour est beau, où tout respire la mollesse, mais où, pour se maintenir, il faut toujours veiller et lutter. Ils l'ont trop oublié, ils en sont punis, et maintenant il leur faut reculer. Mais dans cette disgrâce tout ne leur est pas refusé, et s'ils le veulent ils peuvent encore tâcher de ne pas trop tomber et y réussir en montrant leur valeur éprouvée dans l'adversité.

Mais il n'y a pas que deux mouvements sur l'échelle sociale. L'homme n'est pas toujours avide de monter et chacun n'est pas toujours forcé de descendre. Il y a des gens de bien qui veulent rester et qui savent se maintenir sur le degré qu'ils occupent. Mais pour savoir se contenter ils ne sont pas inactifs ; ils aspirent au mieux ; ce désir les anime sans cesse, et, pour être moins saillants, les mouvements qu'il imprime et les déplacements qu'il provoque sur chaque degré n'en sont pas moins réels et constants.

Cette lutte pacifique à laquelle une société se livre ainsi au sein de l'inégalité, ce mouvement général qui est l'œuvre de tous et que chacun subit, ce va-et-vient universel et permanent, c'est l'homme obéissant à la loi de Dieu, c'est l'humanité active, providentiellement occupée au métier de la vie.

Maintenant, que doit-il arriver quand des hommes, habitués à vivre ainsi en société, répudient l'inégalité et proclament l'égalité ?

Vont-ils détruire l'échelle sociale ou la garderont-ils ? La réduiront-ils à un seul degré, par exemple à celui du milieu, suffisamment allongé, ou tâcheront-ils de rendre toutes les places bonnes, également bonnes, et conserveront-ils tous les degrés?

Ceux qui ont poussé à faire abolir l'inégalité des philosophes y ont songé. Mais, applaudis autrefois pendant qu'ils osaient tout promettre, on ne les écoute plus aujourd'hui qu'ils parlent de tout expérimenter. Ils sont dépassés, et chacun les laisse libres de se morfondre dans l'isolement.

Pour la multitude, égalité c'est le sommet. Chacun veut y monter, et de toutes parts on n'entend qu'un cri :

Faites place, place à ceux d'en bas!

D'un seul bond les plus hardis ont franchi tous les degrés du milieu et les voici déjà dans les plus hautes lignes. Écoutez-les ; ils parlent comme ils pensent, à tort ; mais comme ils ont pu apprendre à penser dans l'isolement où les ont laissés tous ceux qui auraient dû les diriger. Place, disent-ils, serrez vos rangs; par équité faites-nous place ; nous demandons notre place au soleil ! Comment, vous hésitez, vous refusez de vous gêner un peu et vous nous repoussez? Ah! nous vous comprenons ; vos mains ont blanchi dans le désœuvrement, et le travail a bruni nos bras. Nous vous répugnons, cœurs sensibles! Nous sommes pauvres et vous êtes riches, âmes charitables! L'état où vous nous voyez et où votre avarice nous a mis vous fait horreur, honnêtes gens satisfaits! Et vous ne voulez pas de nous. Eh bien, puisqu'il en est ainsi et que vous nous refusez justice, il faut vous punir. Allez, partez d'ici, mais n'emportez rien. Allez, et voyez à votre tour combien il est doux de vivre en bas, dans le dénûment, au sein de cette demi-nuit inhospitalière, humide et glacée! Nous sommes les plus forts, et nous vous chassons! Hâtez-vous, sauvez-vous, car tous les nôtres viennent.

En effet, on entend rugir! C'est la foule!

Elle monte, formidable, en masse, poussant tout devant soi.

A cette vue, tous ceux qu'on nomme les honnêtes gens, sages mais timides, prennent la fuite et courent se jeter éperdus au milieu de tous les embarras d'en haut.

Ils sont aux abois, et cependant ils nourrissent encore un espoir, l'espoir de tout sauver en prononçant un discours, un de ces discours qui gourmandent doucement les uns et promettent beaucoup aux autres. C'est leur goût et leur tactique, l'expédient préféré auquel ils ont dû maintes satisfactions dans tous les petits conflits d'autrefois, et dont ils voudraient encore essayer aujourd'hui, au sein de la tempête qui va tout emporter.

C'est pourquoi ces hommes timides, mais peu sages, jusque-là trop insoucieux du bien commun, invoquent le salut public et demandent la parole.

Mais cette fois, c'est en vain. On refuse, on n'a plus le temps de rien écouter; et d'ailleurs tous ces orateurs, si prêts à faire de l'éloquence par peur, ont déjà perdu la voix. Comprimés entre tous ceux qui tiennent encore le haut et les masses qui viennent toujours plus nombreuses d'en bas, ils étouffent. Vers le sommet, le chemin se rétrécit, et à chaque instant le mal empire. On crie; aux injures succèdent les coups; le sang coule, et déjà les premières victimes, lâchant le dernier échelon, sont tombées dans l'abîme. D'autres les suivent, et bien d'autres encore. Les premiers occupants ne sont plus là depuis longtemps, et cependant le carnage dure toujours.

C'est que l'égalité ne peut rien souffrir en haut, et pour lui plaire il faut que tout ce peuple meure.

Telle est cependant la vitalité des sociétés humaines, qu'elles peuvent résister très-longtemps, même au pire des maux.

Tous ceux qui sont tombés ne sont pas morts dans l'abîme, et les survivants retournent à l'échelle. Mais à présent tous ces malheureux ne se haïssent plus pour le rang qu'ils ont occupé jadis; ils ne savent rien les uns des autres, et, sans chercher à se connaître, ils montent tous ensemble, pêle-mêle, haletants, furieux, abrutis, en délire d'égalité, ennemis mortels, sans savoir pourquoi, mais au nom de l'égalité.

Les assauts se suivent, les rangs s'éclaircissent, et cependant on voit encore, toujours monter et tomber des victimes.

Enfin le vide s'est fait, et voici le dernier vainqueur.

Ce fut un fils, un ami, un père, un sujet d'espoir, d'amour, de respect; un homme vivant, utile à son rang, au sein d'une société chrétienne. Et maintenant, ô pitié pour lui! couvert de sang, l'œil égaré, en proie au délire, seul au sommet de l'échelle, il est roi, roi du désert fait par l'égalité! Insensé, il se tient debout et commande en despote dans le vide. Un sourire de joie, un sourire de joie brutale crispe ses traits et signale son triomphe jusqu'au moment où, recouvrant une lueur de raison, il chancelle, saisi d'épouvante, s'affaisse, et lâche enfin prise pour aller tomber mort, au milieu de tous ses frères égaux, dans la poussière, au-dessous du dernier degré de l'échelle sociale.

Ainsi périssent les peuples quand ils tombent et demeurent dans l'anarchie, dans l'anarchie provoquée par l'idolâtrie de l'égalité, dans cet état de choses absurde et honteux qui doit naître plus ou moins souvent pour durer plus ou moins longtemps, dans tous les pays libres, dans tous les pays qui possèdent la liberté, mais où les classes supérieures de la société négligent trop leur devoir.

Je passe au socialisme.

S'il ne s'agissait que de le réfuter, on pourrait s'en taire, car c'est chose faite. Il a été jugé par ceux qu'il a prétendu servir comme par ceux qu'il a voulu dépouiller, et comme, en général, l'homme qui a péniblement gagné peu de chose, tient plus à son bien que celui qui a pu facilement trouver le superflu ; les premiers se croyant les plus outragés l'ont aussi condamné avec le plus d'amertume.

Mais cette doctrine a vanté l'égalité et prétendu faire violence à l'inégalité. C'est pourquoi il en faut parler ici.

Le socialisme, je ne parle pas des hypocrites qui l'ont exploité, mais des honnêtes gens qu'il a pu tenter; le socialisme a voulu ce que veut la liberté. Il a voulu faire le bonheur du genre humain.

Mais le bonheur qu'il a promis et qu'il a prétendu faire régner au plus bas prix, presque sans peine, ne fut ni le bonheur constitué comme la liberté le comprend, ni surtout le bonheur mérité comme la liberté le veut.

Ému, indigné, à la vue des odieux contrastes que forment trop souvent l'opulence et la misère, le socialisme a surtout voulu abolir, légalement abolir la misère, la misère morale comme la misère matérielle.

L'inégale répartition de toutes les ressources, de toutes les ressources morales et de toutes les ressources matérielles dont l'homme a besoin pour être heureux, l'a choqué, et pour remédier à ce mal il a voulu, non point abolir, mais bien proportionner, réglementairement proportionner cette inégalité.

Plein de ces idées, il s'est d'abord inquiété des ressources matérielles, des souffrances causées par l'inégale répartition des ressources matérielles. En allant ainsi au plus pressé, il a voulu commencer par substituer à cette inégalité trop souvent cruelle et déréglée, la proportionnalité équitablement calculée. Et, dans son opinion, ce problème une fois résolu, la solution de l'autre, la solution du problème qui correspond à l'équitable répartition des ressources morales devait en découler naturellement, en devenir le corollaire, la conséquence certaine.

En se mettant à l'œuvre et pour se trouver moins empêché, le socialisme s'est permis de raisonner sans tenir compte ni du mal que l'homme peut se faire à lui-même, ni de celui que chacun peut subir sans qu'il y ait ni de sa faute, ni de celle d'aucune autre personne. Et après s'être ainsi fait place arbitrairement, il a dit :

Quiconque manque du nécessaire est une victime, une victime de l'avidité d'autrui, et l'inégalité est l'arme dont l'avidité de tous ceux qui possèdent le superflu a fait usage pour dépouiller. Ainsi l'avidité et l'inégalité se tiennent ; l'une est le vice, et l'autre sa compagne ; l'une stimule et l'autre agit. Sans l'avidité, l'inégalité ne serait pas tentée, et sans l'inégalité l'avidité ne serait pas capable. Le mal qu'elles causent ensemble, et dont toute l'humanité souffre, serait donc aboli si l'une ou l'autre pouvait périr.

Laquelle des deux détruire ?

L'avidité est toujours vicieuse, et l'inégalité ne le devient qu'en la servant.

Périsse donc l'avidité !

Affirmons que le fonds social est le bien de chacun ;
prenons sur ce bien et offrons à chacun le nécessaire,
le nécessaire, estimé à proportion des besoins quotidiens de chacun et mesuré aux ressources de la ri-
chesse sociale. Prenons nos mesures, et organisons
tout de telle sorte que le désir de se rien approprier ne
vienne jamais à personne, et, par surcroît de prudence,
décrétons en même temps que la propriété est le vol et
que désormais elle sera punie comme tel.

Ainsi nous détruirons l'avidité. Privée de vivres,
elle mourra d'inanition, et alors l'inégalité, empêchée
sur un seul point, mais laissée libre sur tous les autres,
ira naturellement au bien. Au lieu de servir l'avidité,
elle fécondera l'émulation. Et en témoignant ainsi de
sa puissance à provoquer, comme de son zèle à répandre tous les progrès salutaires, elle se fera estimer
comme la plus grande force libérale, comme le premier
des biens, au sein d'une société heureuse de vivre délivrée de l'avidité individuelle, mais toujours jalouse de
gagner collectivement un bien-être moral comme un
bien-être matériel.

Je m'arrête. J'ai reconnu le socialisme dans son principe et je n'ai pas besoin de l'examiner en détail.

Je me tairai donc sur la difficulté de trouver cette

sagesse distributive sur laquelle il a compté et qu'il lui eût d'abord fallu créer.

De même, je ne parlerai ni du premier sauvage qui s'est fait une flèche et qui a cru que cette arme lui appartenait, ni des philosophes qui l'ont jugé. Les uns l'ont traité d'animal dépravé et les autres ont dit que ce fut un voleur, mais le genre humain l'a toujours approuvé, et jusqu'à ce jour il n'a pas cessé de suivre l'exemple qui lui fut donné par cet enfant de la nature.

A quoi bon le rappeler?

Serais-je mieux reçu à parler de l'analogie qui règne entre la propriété matérielle et la propriété morale? Que gagnerais-je à prouver que ces deux genres de propriété se tiennent, et que détruire l'une c'est le plus souvent contrarier ou stériliser l'autre? Pourquoi dire aujourd'hui qu'une idée est une propriété comme un champ est une propriété et que si le socialisme avait été aussi bon logicien qu'il s'en est vanté, il aurait dû aller jusqu'au bout et dire : Toute propriété est un vol, et je défends d'avoir une idée, de la cultiver et de la léguer, comme je défends à chacun de posséder ou de céder le champ qu'il a défriché

Quant à faire le tableau du genre humain devenu socialiste, je n'en prendrai pas la peine. Chacun peut se le peindre et chacun doit y réussir, pourvu qu'il sache choisir ses couleurs, tantôt dans l'asservissement régulier, tantôt dans la liberté brutale, tantôt derrière les murailles d'un couvent, dans une confrérie de moines rongeant leur frein, et tantôt dans une verte prairie au milieu d'un troupeau heureux de paître.

Aujourd'hui, chacun sait ce que le socialisme a proposé aux hommes.

A bonne intention cela ne fait pas doute, il leur a proposé de se dénaturer, et à ce prix il leur a promis le bonheur. S'il avait pu réussir il aurait produit une chose nouvelle, un genre mixte, un mélange de genre humain et de genre abeille, un genre absurde où la liberté qui convient au genre humain, doué comme Dieu l'a voulu, aurait aussi dû se modifier pour convenir à l'humanité dénaturée par sa propre volonté.

Une société a le droit de se faire des lois, mais ce droit est borné. Il s'arrête juste au point où la loi humaine viole la loi de Dieu, au point où la loi humaine, si elle pouvait être mise en vigueur, détruirait la loi de Dieu. Et si, à la vérité, il existe cependant dans toutes les sociétés des lois qui enfreignent plus ou moins cette règle, cela ne prouve, à coup sûr, ni qu'elles soient justes, ni qu'elles ne soient pas condamnées à périr, ni surtout qu'il puisse être bon d'en augmenter le nombre.

Le socialisme a dépassé la limite du droit, mais il n'a pas agi comme on le fait trop souvent, il ne s'en est pas caché et il n'a point biaisé. Il n'a pas consenti à dire : Ma loi viole bien un peu les droits de l'homme, mais c'est pour le bien de la société ; il a pris arbitrairement tout le droit qu'il a voulu, et pour le faire triompher il a franchement avoué qu'il allait tout détruire et réédifier. Il était convaincu, et si au lieu de croire ce qu'il a prêché, il se fût persuadé que pour trouver le bonheur les peuples devaient le chercher en marchant les pieds en l'air, il aurait encore prétendu que, pour y réussir, il n'y avait rien à faire qu'à bien vouloir.

Il croyait en effet à la toute-puissance de la volonté, et au fond il a toujours raisonné comme si l'homme libre d'être ou de ne pas être tel que nature l'a fait n'avait qu'à choisir et vouloir.

Enhardi par cette croyance, il n'a reculé devant rien. Et comme en poursuivant son but, en cherchant à faire régner parmi les hommes le bonheur, un bonheur égal pour chacun, il s'était persuadé à tort, grâce à Dieu, que ce bonheur était impossible, ou que du moins la nature actuelle de l'homme y mettait trop obstacle, il s'est décidé à la contraindre, et dans ce

but il a proposé des mesures qui, soit qu'il en eût lui-
même bien clairement conscience ou non, ne tendaient
à rien moins qu'à dénaturer le genre humain invité à
s'exécuter lui-même.

Ainsi le socialisme, refusant de reconnaître que le
bonheur, le bonheur égal pour tous, ce bonheur auquel
l'humanité peut et doit aspirer, n'est possible qu'à une
seule condition, à la condition qu'il s'établisse dans
l'inégalité et avec le secours de l'inégalité; le socialisme, ainsi abusé, a voulu, pour plaire à l'égalité, faire
violence à l'inégalité. Dans cette entreprise, la nature
humaine, l'œuvre de Dieu lui a fait obstacle. Il l'a
heurtée de front, et il s'y est brisé.

Il a péri.

Mais il est du nombre des morts qui peuvent revenir.

Il ne faut pas trop s'en inquiéter, mais on ne doit jamais l'oublier.

L'égalité devant la loi n'est pas comme l'égalité dans
le socialisme. Elle ne tient pas assez compte de l'inégalité, elle peut la blesser, mais elle ne s'en vante pas et
jamais elle n'a prémédité de lui faire violence.

A Dieu ne plaise que je dise jamais du mal de
l'égalité devant la loi.

Sans elle je pourrais être serf.

Mais l'égalité devant la loi n'est elle-même qu'une loi, une loi humaine, et à ce titre elle est imparfaite et perfectible comme toutes les lois humaines.

Adoptée à défaut de mieux, elle n'a jamais complétement satisfait personne.

Ceux qui l'ont faite ont tâché d'être équitables. Ils auraient voulu que leur loi fût juste, toujours également juste pour chacun; mais comme pour réussir il leur eût fallu faire à chacun sa loi, une loi toujours proportionnée à la valeur comme à la situation incessamment variable de chacun, c'est-à-dire un nombre infini de lois d'un instant mais toujours justes, force leur fut d'y renoncer. Alors, leur impuissance ainsi reconnue, ils ont du moins voulu approcher du but qu'ils ne pouvaient atteindre, et afin de placer les hommes dans une situation relativement équitable, ils ont proclamé l'égalité devant une seule loi jugée raisonnable.

Tout cela, on le sait; mais ce n'est pas une raison de s'en taire, car bien qu'il reste encore beaucoup de mesures, relativement faciles à prendre, non pour abolir, mais pour amortir le mal en question, ce mal existe, et l'égalité devant la loi, devant une seule loi, si parfaite qu'on la suppose, peut encore trop facilement froisser la stricte équité et même conduire jusqu'à l'iniquité.

Le propre de la loi est, en effet, de commander, de défendre, de permettre et de punir. Pour rester équitable quand elle s'adresse également à chacun, elle devrait d'abord offrir les mêmes ressources, les mêmes ressources morales et les mêmes ressources matérielles à chacun, et comme elle ne le peut pas, il est évident que les mêmes ordres donnés, les mêmes défenses faites, les mêmes permissions données et les mêmes punitions infligées en son nom à des êtres inégaux, moralement et matériellement inégaux, doivent toujours agir ou peser inégalement sur chacun, et provoquer ainsi dans les sociétés qui vivent sous le patronage de l'égalité, toutes ces fausses situations, où l'équité, toujours vantée mais rarement bien satisfaite, se trouve très-souvent froissée et quelquefois même vaincue par l'iniquité.

Aussi aucun homme raisonnable n'a-t-il jamais songé à nier ni l'impuissance qui accompagne, ni le vice auquel peut aboutir l'égalité devant la loi.

Et tous les gens de bien, quel que fût d'ailleurs leur drapeau, sont tombés d'accord, en principe, toutes les fois qu'il s'est agi de porter remède à ce mal. Unanimes sur ce point, ils ont tous jugé que pour être plus équitable il fallait moins sacrifier à l'égalité et plus tenir compte de l'inégalité. On en trouve la preuve dans toutes les discussions auxquelles ont donné lieu la répartition de l'impôt, la loi sur le recrutement, l'abolition de la peine de mort en matière politique, et mille autres questions où l'égalité devant la loi paraît, mais ne se trouve pas, moins sérieusement engagée.

Avant d'aller plus loin, je veux m'arrêter à l'une de ces dernières questions ; elle rentre dans mon sujet, d'abord parce qu'elle fait bien voir l'un des effets les plus odieux de l'égalité sous le despotisme, sous le despotisme d'en haut comme sous le despotisme d'en bas, et puis parce qu'elle permet de bien comparer l'impuissance ou le vice de l'égalité devant la loi, sous un régime libéral, à l'efficacité salutaire de l'inégalité, quand elle se dirige bien elle-même dans la liberté.

Je pense parler de la liberté de la presse.

La liberté de la presse, le droit en vertu duquel chacun est libre de publier sa pensée, ce droit incontestable en principe, est souvent devenu, et reste encore dans beaucoup de pays un point contesté, un sujet de discorde entre les peuples et leurs gouvernements. Quand on la considère à ce point de vue et qu'on la jugé comme on le doit en principe, c'est-à-dire en faveur des peuples, la liberté de la presse se présente d'une part comme un droit refusé au pouvoir, et de l'autre comme un droit accordé, uni à un devoir imposé à la société ; elle refuse au pouvoir le droit d'entraver la pensée sous aucun prétexte, et elle accorde à la société le droit de tout publier, à condition qu'elle s'impose en même temps à elle-même le devoir de tout contrôler.

Cette opinion n'a pas toujours prévalu ; elle ne prévaut pas encore partout et tous ceux qui la partagent dans les pays où la liberté de la presse n'a pas encore réussi, ne sont pas toujours d'accord sur les conditions auxquelles toute société qui veut jouir de cette liberté doit nécessairement d'abord satisfaire.

Ces divergences dans l'opinion libérale sont déplorables et chacun doit tâcher de les faire cesser.

J'y veux contribuer pour ma part.

Toute pensée publiée est un aliment offert à la pensée d'autrui. Et comme chaque publication n'est pas nécessairement saine, comme elle peut être malsaine, fausse ou pernicieuse, elle peut causer des maux qu'il faut prévoir.

Sur ce point chacun est d'accord, et tout le monde

reconnaît qu'afin d'écarter tous les aliments nuisibles que la presse peut offrir, il faut absolument la contrôler, trier ses idées.

Unanime jusque-là, l'opinion se divise aussitôt qu'il s'agit de fixer de quelle manière, par qui et à quel moment ce triage des idées doit se faire.

A qui confier ce soin ?

Au pouvoir seul ?

Ou bien, au pouvoir et à la société agissant ensemble au nom de la loi, et de telle sorte qu'en général le pouvoir accuse tandis que la société représentée par ses mandataires juge ?

Ou enfin, à la société elle-même, jugeant cette fois, comme le pouvoir laissé libre d'influencer peut juger lui-même, non plus au nom de la loi écrite, mais au nom du bon sens seul ?

On sait ce qu'a valu dans le temps la censure exercée par le pouvoir :

Ce fut, d'une part, le despotisme inquiet de voir le jour poindre, et, de l'autre, l'égalité laissant faire le despotisme.

Ce fut 1633.

Galilée devant l'Inquisition.

La vérité condamnée à mentir, et la vérité faisant

ce mensonge parce qu'elle se trouvait sans appui, dé-
laissée au milieu des ténèbres qui régnaient autour
d'elle dans l'égalité.

Assurément, la censure exercée par le pouvoir n'est
pas toujours la même. Selon les temps, elle prend ou
perd des nuances. Mais la couleur n'y fait pas assez, et
au fond la censure préalable est toujours odieuse,
comme la censure administrative, si douce qu'elle se
montre, quand elle s'exerce après coup, est toujours
blessante. Un pouvoir trop libre de tout régenter a
beau se défendre d'abuser, il peut abuser, et cette pos-
sibilité pèse sur toutes les consciences comme une menace contre laquelle rien ne peut garantir. Alors toute
pensée indépendante, mise au service de la vérité, se
trouve gênée, comprimée, en souffrance, et, si habile
que soit la main qui lui mesure l'air pour vivre, elle
peut s'aigrir à ce régime, tourner en indignation et tout
compromettre.

Ainsi la censure exercée par le pouvoir seul, soit
qu'elle étouffe la pensée ou qu'elle se contente de la
régenter avec plus ou moins de rigueur, outrage
ou blesse, mais ne remédie pas. Elle peut entraver la
dispersion des lumières et mettre en souffrance toute
moralité.

Le triage des idées ainsi fait n'est donc pas satisfaisant.

La combinaison en vertu de laquelle le contrôle de la pensée s'exerce par le pouvoir et par la société agissant ensemble au nom de la loi, exclut l'arbitraire, et par cette raison elle séduit au premier abord. Mais au fond elle ne satisfait pas, elle n'atteint pas, et elle n'approche pas assez le but.

En effet, toutes les lois, les plus sévères comme les plus douces, toutes les lois faites pour contrôler la presse laissée libre de se défendre devant la justice du pays, toutes ont constamment accordé au pouvoir le même droit, le droit d'accuser également, le droit de tenir sur la même sellette, dans l'égalité, trois hommes différents :

L'honnête homme éclairé, incriminé pour s'être trop avancé ;

Le fanatique aveugle qui a pu nuire sans le vouloir ;

Et enfin, l'hypocrite résolu, décidé à nuire pour y gagner.

Or, quand le pouvoir accuse, il demande que l'on condamne, et l'équité se révolte à l'idée d'infliger la même peine à trois hommes si différents.

Il résulte de là, que le juge, soit qu'il condamne en effet chacun de ces trois hommes à la même peine, soit qu'il les condamne à des peines différentes, soit qu'il acquitte l'un et condamne les autres, soit enfin qu'il les acquitte tous les trois, doit nécessairement satisfaire le pouvoir et blesser l'équité, ou satisfaire l'équité et blesser le pouvoir.

Ainsi de toute façon, la loi dans ce cas, produit un effet nuisible.

Elle ne satisfait pas mieux quand le pouvoir, usant de son droit, incrimine, à bonne intention, c'est-à-dire dans le but de prévenir le mal, une publication toute nouvelle qu'il trouve nuisible, mais dont l'auteur peut d'ailleurs être sincère.

Ici, le pouvoir plein de bonne foi, ne songe qu'au bien public. Mais si honnête qu'il soit et si peu qu'on veuille en douter, il prête au soupçon. Car, au fond, il prétend faire condamner un honnête homme pour une publication qui peut être nuisible, mais qui, cependant, n'a pas encore produit les actes condamnables qu'elle doit provoquer. En agissant ainsi il risque de froisser la stricte équité, et en lui voyant braver ce danger, l'opinion publique, toujours d'autant plus prompte à s'alarmer qu'elle croit moins nécessaire ou qu'elle a moins le goût de prévenir le mal en le combattant dans sa source, l'opinion publique dans un pays comme la France se méfie vite et demeure inquiète, prête à se livrer à qui sait le mieux l'exciter. A ce moment toutes les passions hostiles, assoupies avant le procès, se réveillent, et bientôt le pouvoir accusateur par prudence devant la justice du pays, se trouve à son tour accusé de toutes parts et taxé tantôt d'injustice par ambition, tantôt d'injustice par pusillanimité, et voire même d'injustice par esprit de vengeance.

Les tiraillements qui ont de tout temps précédé, accompagné ou suivi un succès, un demi-succès ou une défaite du pouvoir poursuivant la presse en justice, ont constamment produit les mêmes effets.

Ils ont toujours porté préjudice à la considération du pouvoir et divisé l'opinion.

Ils ont souvent compromis, mais ils n'ont jamais consolidé la paix sociale.

De tels résultats ainsi motivés en disent assez. Le régime qui les a produits est vicieux. Au lieu de faire répudier les mauvaises pensées, il fomente les mauvaises passions. Au lieu de faire place, il fait obstacle aux idées saines comme aux nobles sentiments. Impuissant, il provoque sans le vouloir le mal qu'il devait abolir. L'empire du bien ne lui a jamais rien dû et jamais il ne lui devra rien.

Il me reste à parler de la presse soumise à la censure universelle.

Tant qu'un homme porte sa pensée en lui, il en est l'unique censeur. Aussitôt qu'il la publie, elle devient une pensée de la société. Elle est née au sein de la société, et à ce titre celle-ci en devient de droit à son tour l'unique censeur. Et de même que, pour bien étudier comme pour bien juger sa propre pensée, l'homme a besoin de toutes ses facultés, de même pour bien apprécier, une société a besoin de toutes ses ressources et ne peut accorder ni à un seul ni à quelques-uns de ses membres le droit de juger pour elle.

Ainsi, en principe, le droit de juger, le droit d'approuver ou de blâmer, d'adopter ou de rejeter une idée émise appartient à la société, à la société tout entière, délibérant et jugeant elle-même, c'est-à-dire à l'opinion publique.

Mais pour être sûr, juste et puissant, un principe, si chaudement qu'on l'adopte, n'est pas toujours applicable, nécessairement efficace sans autre condition.

En général un principe ne crée pas, il ne peut pas créer à temps, assez vite, au moment d'entrer en vigueur, les premières ressources dont il a besoin pour se bien établir. Il faut les lui offrir toutes prêtes. Dans ce cas il s'en empare, et au commencement il en vit. Ensuite il féconde, crée à son tour et devient ainsi progressivement salutaire, de plus en plus salutaire à mesure que son empire s'étend.

Il n'en est pas ainsi, il ne peut pas en être ainsi, quand, au lieu de trouver toutes prêtes les ressources qu'il lui faut pour vivre, un principe mis en demeure de trop créer à la hâte se trouve à court, peu ou mal soutenu et trop heurté dès le début. Quand il se trouve ainsi trop étranger dans la vie d'une société, il tombe bientôt en souffrance, inquiète au lieu de fonder et demeure impuissant ou finit par nuire.

Cela s'applique de tous points à l'opinion publique.

En principe elle est souveraine, mais pour bien débuter, pour bien exercer ou du moins pour ne pas trop compromettre sa souveraineté dès le commencement, il lui faut absolument trouver dans la société, c'est-à-dire en elle-même, assez de lumière et assez de prudence, un certain fonds de sagesse à défaut duquel il ne lui est pas possible de réussir.

Ainsi l'opinion publique peut être ou ne pas être à la hauteur du rôle qui lui appartient en principe.

Assurément cela n'a pas lieu de surprendre. Mais on l'a trop souvent oublié ou méconnu. L'opinion publique n'est pas la sagesse innée; elle n'a jamais été et elle ne sera jamais nulle part un juge instinctivement sûr et toujours infaillible. C'est un caractère, et comme tout caractère, elle peut être forte ou faible, honnête ou malhonnête, sensée ou insensée. Mille causes peuvent l'égarer, mais on peut toujours la rectifier ; c'est pourquoi il lui faut sans cesse être dirigée.

De toutes les causes nuisibles à l'opinion publique je n'en veux citer qu'une seule. C'est un mal que certains peuples vantent comme un bien, et dont, le plus souvent, ils souffrent sans le savoir. Un mal qu'on peut leur faire soupçonner, un mal qu'ils peuvent même avouer, mais un mal à l'égard duquel ils sont toujours pleins d'indulgence ou de peur, parce qu'il flatte des passions qu'on ne veut ou qu'on n'ose pas trop heurter. Ce mal qui a toujours nui et qui nuit encore le plus à l'opinion publique en France, ce mal que chacun a déjà nommé, c'est le culte exagéré, l'idolâtrie de l'égalité.

Cette passion d'égalité, dont la société française offre le plus complet comme le plus affligeant spectacle, est vraiment une injure au bon sens, la plus cruelle des injures faites au bon sens par un peuple entier. Et si la valeur de l'opinion publique doit s'estimer au respect qu'une société témoigne au bon sens, ce fait seul, déjà trop significatif, laisse peu d'espoir à qui voudrait que tout fût sainement jugé par l'opinion publique en France.

Pour indiquer comme pour faire accepter le seul remède efficace contre le mal en question, contre le mal qui s'est trouvé au fond de tous les maux que la liberté française a soufferts depuis 1789 jusqu'à nos jours, il faut montrer l'égalité à l'œuvre, à l'œuvre dans les affaires qui touchent au gouvernement de la société, c'est-à-dire dans celles qui exigent le plus de prudence éclairée, et où, cependant, grâce à l'égalité invoquée, chaque médiocrité prétend placer son mot et souffler sa passion. Son mot sans le peser et sa passion sans la gouverner.

Le plus simple bon sens le dit; quand il s'agit d'opinion publique, il faut distinguer l'honnête homme éclairé de celui qui n'est pas honnête comme de celui qui n'est pas éclairé, et faire à chacun sa part.

Quand le premier parle et se fait écouter, quand le second est forcé de se taire, et quand le troisième s'oblige à écouter; quand ainsi chaque membre de la société commande toutes les fois que sa supériorité

intellectuelle et morale lui en donne le droit, et quand
chacun obéit toutes les fois que son infériorité intellectuelle et morale lui en fait un devoir, quand, en un
mot, chacun se met ou se trouve constamment mis à sa
place, dans ce cas, l'opinion publique, placée dans les
meilleures conditions, se forme le mieux et vaut le
plus.

Cette règle que chacun approuve et dont chacun pro-
fite toutes les fois qu'il s'agit d'apprendre, soit à l'école,
soit à l'atelier, dans les arts comme dans les sciences,
sur les champs de bataille comme dans les champs de
labour, cette règle, excellente partout et suffisamment
suivie jusque-là, se trouve violée aussitôt qu'il s'agit
de politique, dans tous les pays où règne la passion de
l'égalité.

A juger ce contraste, à voir comment des hommes,
assez modestes d'ailleurs, deviennent tranchants aussitôt qu'il s'agit des intérêts généraux de la société, on
dirait qu'ils placent la politique sur un terrain privi-
légié où chacun, pressé de se dédommager pour s'être
montré raisonnable ailleurs, peut aller impunément
braver le bon sens et tout décider sans rien écouter,
sans prendre et sans respecter l'avis de personne.

Ce n'est pas cependant que les peuples engoués d'égalité n'estiment pas les hommes éminents. Bien au contraire ; ils se vantent d'en produire, et volontiers ils en font parade. A leurs yeux, ce sont des sujets d'élite bons à tenir en réserve, soit pour servir, soit pour briller isolément par exception dans les grands périls comme dans les grands succès.

Dans ces cas, ils leur font ou leur laissent prendre des rôles de circonstance, mais dans le cours ordinaire de la vie, quand le calme règne, pendant les trèves où ces hommes pourraient le mieux aider à bien fonder, ils sont négligés, fort peu écoutés, mais aisément soupçonnés.

Et tandis que l'égalité fait ainsi mal leur place à quelques sujets d'élite, elle exerce sur tous les autres des influences détestables. Elle impose silence à qui devrait se faire écouter et donne la parole à qui devrait se taire. Elle rend lâches les uns et outrecuidants les autres. Par crainte de la choquer, tous les hommes relativement éclairés, tous ceux qui devraient marcher en tête et agir ouvertement, se tiennent à l'écart, inactifs, cachés ici sous le masque de la modestie et là sous celui de l'indifférence. Et pendant que ceux-là demeurent ainsi coupables dans l'inaction, tous les hypocrites intriguent et tâchent de parvenir en courtisant la foule,

toutes les passions de la foule ignorante, qui va célé-
brant l'égalité et déraisonne.

Quand elle se trouve ainsi empêchée de se former
comme de se rectifier, sous la direction des hommes de
bon sens et relativement éclairés que l'inégalité offre
sur tous les degrés de l'échelle sociale, et auxquels il
est relativement facile de se mettre d'accord, l'opinion
publique, privée de tout lien, se divise et forme au sein
de la société une multitude de groupes étrangers, op-
posés et le plus souvent hostiles les uns aux autres.

Dans ceux d'en haut, dans les plus éclairés, on s'inquiète peu des autres. Ceux qui les forment croient à
la diffusion des lumières provoquée par les écoles et
par la force des choses. Ils répugnent à servir dans
l'enseignement mutuel universel et prémédité. Leur
rôle y serait trop ingrat, trop entravé par la crainte
de froisser l'égalité, et pour se dispenser de le remplir
ils en nient l'efficacité. C'est pourquoi ils restent entre eux presque fatalement réduits mais complaisam-
ment résignés à diriger de loin.

Tant que dure le calme, ils font la loi et sont l'opinion publique. Une opinion qui peut être juste, mais
qui risque toujours et qui ne peut manquer d'être souvent fausse sur une foule de questions mal éclairées

pour avoir été traitées dans l'absence de tous ceux qui les connaissent le mieux et qu'elles concernent le plus.

Et tandis que les choses se passent ainsi mal en haut, elles empirent en bas dans les groupes où le jour est terne ou absent. Abandonnés à eux-mêmes, tous ceux qui les forment respirent un air malsain et végètent pauvrement dans l'aigreur, jusqu'au jour toujours redouté d'une part, mais toujours espéré de l'autre, jusqu'au jour fatal où le vent des passions révolutionnaires se lève et donne la victoire aux masses. Triomphantes, celles-ci deviennent à leur tour l'opinion publique, et alors cette souveraine n'est plus seulement défectueuse, quelquefois juste et souvent mal éclairée comme auparavant ; elle ne vaut plus rien du tout, elle est radicalement mauvaise, car elle n'est plus rien qu'ignorance et passion.

Tant qu'un peuple se laisse charmer par l'égalité, il est dans l'erreur. Et l'opinion publique, quand elle se forme ainsi dans l'erreur, devant trop fréquemment pécher soit par défaut de lumières, soit par aveuglement passionné, demeure par conséquent indigne d'exercer sa souveraineté.

Cela est évident, et d'ailleurs les faits qui le prouvent sont encore là. Mais il a fallu le dire, afin de faire reconnaître à quelles sources l'opinion publique, pour être saine, doit puiser.

L'opinion publique n'a de valeur, elle ne peut garder sa valeur et elle ne peut gagner en valeur qu'à une seule condition : il lui faut toujours être à l'école, à l'école fondée sur le respect de l'inégalité, à l'enseignement mutuel ouvert dans toutes les classes de la société et dirigé dans chacune par les moniteurs naturels que nous avons désignés en indiquant qui fait partie, quel est le caractère et quel est le rôle des classes supérieures de la société dans la liberté.

Quand l'opinion publique se forme, ou quand elle tend visiblement à se former à cette école, elle ne devient pas infaillible, mais elle est ou promet d'être bientôt réfléchie, capable de se contrôler elle-même, habile à se préserver de l'erreur comme du vice. Une fois qu'elle se trouve ainsi bien assurée contre tout écart durable, d'autant plus assurée qu'elle a mieux contracté l'habitude de toujours puiser ses lumières à toutes les sources salutaires, elle offre à la liberté de la presse toutes les garanties désirables, et alors rien, absolument rien, ne donne plus à personne le droit de lui refuser dans la pratique la souveraineté qui lui appartient en principe.

Mais il n'en est pas ainsi, l'opinion publique n'est pas assez sûre, elle ne promet pas de l'être bientôt, et les garanties qu'elle offre sont trop faibles, quand, au lieu de se former avec prudence sous l'œil et par les conseils de l'inégalité sagement disciplinée sans contrainte, elle naît et grandit presque au hasard, peu ou mal conseillée, peu ou mal surveillée et demeure ainsi, bien trop exposée à s'égarer au milieu de l'anarchie qui règne dans les idées quand les peuples sont engoués d'égalité.

C'est pourquoi, en France, le pouvoir, soit qu'on le croie de bonne foi ou non, aura pour lui tous les hommes raisonnables, tous ceux qui préfèrent plus d'ordre et un peu moins de liberté, toutes les fois que, refusant d'affranchir la presse, il pourra leur dire : « Ne prétendez pas que cette liberté plus grande vous fera mieux prendre soin de l'opinion. Le passé a des enseignements qu'il faut respecter et qui vous condamnent. Aujourd'hui la presse n'est pas libre, mais elle a des libertés. Usez-en. Renfermez-vous, pour un temps, dans cette légalité que vous trouvez trop étroite, et profitez-en. Mais donnez-nous encore, et donnez-vous encore à vous-mêmes une autre satisfaction : Vous êtes établis, bien connus dans le pays ; vous êtes l'esprit et vous avez la fortune du pays. Comment ne seriez-vous pas les maîtres de l'opinion? En vérité, vous n'avez qu'à le vouloir.

« Faites votre devoir. Pour vous-mêmes comme pour le reste de la société, faites voir l'inégalité à l'œuvre. Qu'elle s'autorise à diriger partout, et qu'elle se montre jalouse de rendre service en tout. Qu'elle ne vise qu'au bien et que, habile à tout féconder, elle fasse partout et toujours échec au vice, échec à l'erreur, échec à tout ce qui stérilise. Qu'elle combatte toutes les mauvaises passions, mais qu'elle fasse surtout échec et honte, échec sans pardon, échec complet à la plus vaine comme à la plus pernicieuse de toutes les passions populaires, échec à l'égalité.

« A ce prix, l'opinion publique rentrée dans sa loi, dans la loi qu'il lui faut absolument respecter, deviendra bientôt le censeur clairvoyant et plein de prudence dont la liberté de la presse ne peut se passer, et qu'il lui faut pour bien mériter comme pour bien exercer sa souveraineté. Alors, mais seulement alors, et aussitôt que vous le voudrez, vous aurez cette liberté que vous enviez : la liberté de la presse illimitée.

« Car, vous pouvez nous en croire, ce temps venu il n'y aura plus de pouvoir, si hardi ou si fort qu'on le suppose, qui, s'il tient à vivre, ose ou puisse jamais vous la refuser. »

Jusqu'ici j'ai successivemeut examiné l'égalité sous le despotisme monarchique, sous le privilége, dans l'anarchie, dans le socialisme et devant la loi. Ensuite j'ai choisi un exemple et, pour mieux faire apprécier les divers caractères de l'égalité, j'ai parlé de la presse, des principales situations faites à la presse sous l'empire de l'égalité comme des conditions qui lui conviennent et dont elle ne peut se passer dans la liberté.

Il me reste encore à parler, d'abord de l'égalité considérée en elle-même, ensuite de l'égalité devant Dieu, et enfin des prétentions que l'on peut accorder à l'égalité dans la liberté.

On l'a vu, l'égalité est odieuse sous le despotisme monarchique comme sous le privilége, insensée dans l'anarchie, puérile dans le socialisme, souvent impuissante et même quelquefois vicieuse quand, désireuse d'être juste, elle se montre à l'œuvre dans le lieu le plus saint de son temple, dans son alliance avec la loi.

Ce n'est pas vanter, mais assurément ce n'est pas faire tort à l'égalité.

Au fond elle n'est qu'une erreur. Une erreur diversement exploitée, un nom qui ne désigne rien, un mot vide dont les méchants abusent et que des gens de bien ont pu inscrire à bonne intention, mais à défaut de mieux, sur le drapeau de l'équité.

Elle n'existe pas. De tous les êtres et de toutes les choses à nous connus, dans la création, pas un n'a son égal. Il n'y a que des semblables, et l'homme a le sien. Il n'est jamais l'égal de personne, et comme il varie sans cesse, au physique comme au moral, il ne peut jamais être pendant un seul instant l'égal de lui-même. Toutes les lois de la nature reposent sur l'inégalité, et l'homme leur fait violence toutes les fois qu'il veut produire de l'égalité. Ainsi, quand par exemple il veut faire tomber deux corps différents avec une égale vitesse, il lui faut faire le vide, dénaturer.

Dieu n'a pas voulu d'égalité ici-bas, et c'est une promesse consolante entre toutes qu'il n'y aura pas d'égalité individuelle au ciel. Car, *il sera beaucoup demandé à celui qui a beaucoup reçu.*

Ainsi, devant Dieu, nul n'est l'égal de l'autre.

Mais une égalité, qui, déjà ici-bas, règne certainement beaucoup plus qu'on ne le croit en général, et que les âmes pourront sans doute mieux contempler au ciel, parce que Dieu s'y montrera plus clairement équitable, c'est l'égalité de la justice divine.

Dieu sera également juste pour chacun, mais afin d'être également juste pour chacun, il pèsera le bien et le mal fait par chacun avec des poids différents, inégaux, proportionnés aux dons inégaux que chacun a reçus, et dont chacun aura fait usage inégalement, bien inégalement et mal inégalement.

Ainsi la liberté n'est pas dans l'erreur, car elle se conforme à la loi de Dieu quand elle recommande le respect de l'inégalité. Elle ne se trompe pas quand elle exige que chacun s'autorise ou s'oblige lui-même, et que, de plus, chacun se trouve engagé ou forcé par les autres à diriger ou à se laisser diriger en tout à proportion des dons qu'il a reçus et de la valeur qu'il a pu leur ajouter. Car la liberté ne tend qu'à être juste, et s'il existe un principe qui puisse faire approcher la justice humaine de la justice divine, c'est à coup sûr celui qui comprend et recommande ainsi le respect de l'inégalité.

On a dû se dire plus d'une fois, et il était effectivement sous-entendu jusqu'ici, que l'inégalité livrée à elle-même, abandonnée à tous ses instincts, peut abuser, et que, pour être salutaire, il lui faut absolument être dirigée par une vertu. J'ai déjà parlé de cette vertu, mais sans m'y arrêter. Il est temps de la définir.

La liberté n'aurait pas de prix, elle ne vaudrait pas toute la peine qu'elle donne à ceux qui l'aiment, si elle ne devait pas profiter aux hommes, faire leur bonheur, et tendre vers l'idéal en tâchant de rendre tous les hommes heureux, également heureux.

Or il est évident que des êtres inégaux, moralement et matériellement inégaux, ne peuvent pas être heureux, également heureux aux mêmes conditions.

L'inégale répartition de toutes les ressources, de toutes les ressources morales et de toutes les ressources matérielles qui donnent le bonheur, bien loin de s'opposer au bonheur égal, est donc au contraire le fait capital qui rend ce bonheur possible.

C'est la condition rigoureusement nécessaire à l'égalité de bonheur qui est de droit tant que l'homme n'a pas démérité.

De là résulte que l'humanité doit chercher le bonheur, la plus grande somme de bonheur le plus équitablement répartie, non pas dans l'égalité mais dans la proportionnalité.

Or, la proportionnalité, c'est l'inégalité tenant compte d'elle-même. Et ce compte sera évidemment d'autant plus facile à établir, et d'autant plus équitablement fait, que l'inégalité déjà suffisamment éclairée sera encore plus morale.

Il suit de là que l'inégalité, considérée comme une source de lumière, doit encore se trouver dirigée elle-même par une vertu dans la liberté.

Quelle est cette vertu ?

Quand saint Martin donna la moitié de son manteau au pauvre qui souffrait du froid, il n'avait pas encore reçu le baptême, mais il connaissait déjà la loi du Christ, et en l'accomplissant il a pu bien faire par pur amour ou bien faire par calcul. Il a pu agir sans compter, et il a pu agir en comptant sur la récompense promise à tous ceux qui suivent la loi.

Dans le premier cas, son action fut de la charité, et dans le second de la fraternité.

Quand des hommes vivant en société croient fermement que toute souffrance individuelle, toute souffrance morale ou matérielle est un danger qui menace l'ordre social établi, et quand, en songeant d'abord à eux-mêmes, à la satisfaction de leurs propres besoins moraux et matériels, ils se préoccupent sans cesse de guérir, comme de prévenir toutes les souffrances de leurs semblables; dans ce cas, ces hommes pratiquent la fraternité; la fraternité règne dans leur société.

Cette vertu bâtarde n'exclut pas la charité, mais elle permet de s'en passer.

Moins pure que celle-ci, elle est plus à la portée de chacun. Constamment stimulée par l'intérêt, elle risque moins de s'endormir, et les effets qu'elle produit sont salutaires.

Sans doute, bien faire par égoïsme, n'est pas pure vertu ; mais c'est encore de la vertu. C'est la vertu des peuples libres. C'est leur première vertu, comme l'inégalité est leur première ressource.

Ainsi, la devise de ces peuples n'est pas :

Égalité, fraternité. Ils disent :

Inégalité, fraternité.

La première est l'esprit, la seconde est le cœur, et ensemble elles forment l'âme de la liberté.

Or, on le sait, l'inégalité calcule, et, comme on vient de le voir, la fraternité calcule. En s'appliquant ensemble elles ont résolu ce problème :

Étant donnée une société d'êtres raisonnables, faire son bonheur dans la liberté.

La solution qu'elles recommandent est depuis longtemps connue ; tous les peuples libres, tous ceux qui ont réussi dans la liberté, l'ont adoptée, et voici comment ils l'appliquent.

Ils cherchent le bonheur dans le progrès, dans le progrès moral comme dans le progrès matériel.

Avant de songer à le provoquer, ils se préoccupent du mal qui entrave, compromet ou ruine tout progrès, et tâchent de se garantir contre l'instabilité dans le gouvernement.

Rien ne leur coûte, il n'y a pas de peine qu'ils ne prennent, et pas de sacrifice qu'ils ne fassent pour se mettre d'accord sur les principes fondamentaux de leur gouvernement. Par bon sens ils veulent se donner un point d'appui fixe, solide, inébranlable, et après avoir bien choisi cette base sur laquelle ils vont édifier, ils exigent qu'elle soit et demeure universellement respectée.

Toute arrière-pensée sur ce point est, à leurs yeux, un crime.

Cela fait et bien assuré, ils vont droit au progrès et s'adressent, pour le produire à l'inégalité, et pour le répartir à la fraternité.

Dans leur opinion, toutes les écoles, toutes sans exception, depuis la plus petite école de village, jusqu'à l'enseignement universel, que la presse libre tient ouvert sur tous les points du pays ; toutes les églises, toutes celles qui existent et toutes celles que le droit de réunion non contesté peut faire naître ; toutes les institutions et tous les droits auxquels la liberté tient le plus, sont des sources d'inégalité, des arènes ouvertes à l'inégalité.

Et sur ce point ils ont pleinement raison ; car toute idée offerte à des intelligences inégales les frappe inégalement et ouvre devant chacune d'autres horizons. Deux enfants, quand ils sortent pour la première fois de l'école, sont plus inégaux qu'ils ne l'étaient en y entrant, et l'on n'a pas encore appris que pour être plus instruits, deux savants s'accordent mieux que deux bergers.

Les peuples libres ne craignent pas cet accroissement d'inégalité qu'ils provoquent en multipliant les écoles. Au contraire, ils s'y fient entièrement, lui demandent tout, et le prouvent en laissant continuellement ouvert le tournoi universel où toutes les idées, quelle que soit d'ailleurs leur naissance, sont admises à venir combattre au grand jour. Ils pensent que pour empêcher qu'aucune idée saine se perde et qu'aucune idée malsaine demeure, le plus sûr est de toujours laisser toutes les idées librement lutter sous les yeux du peuple entier. Ils sont convaincus qu'à ce spectacle un peuple ne peut que gagner, et chez eux, mais seulement chez eux et grâce aux principes qu'ils respectent, cette confiance est légitime; car, ils peuvent en effet compter, d'abord sur la puissance naturelle à tout ce qui est bon et honnête, ensuite sur l'inégalité, habile à faire valoir tout ce qui est bon et honnête, et enfin sur la fraternité, active à faire profiter de tout ce qui est bon et honnête.

A quoi pourraient, en effet, réussir tous les hypocrites et tous les ignorants, quand tous les hommes purs d'intention et bien éclairés font leur devoir, tout leur devoir?

A rien qui dure, à coup sûr.

Les peuples libres n'en doutent pas et, en cela, ils ont parfaitement raison. Car, de leur part, de la part d'une société qui fait tout son devoir dans la liberté, douter ce serait faire injure au bon sens, injure à la dignité humaine, injure à la bonté divine.

Ainsi, dans tous les pays libres, dans tous les pays qui sont heureux par la liberté, dans tous les pays où la liberté satisfait parce qu'elle est bien servie; l'inégalité et la fraternité intimement unies font la loi et règlent tout, partout et toujours. L'une éclaire et l'autre répartit les lumières, l'une ouvre les sources salutaires et l'autre y fait puiser, l'une porte les eaux du

progrès à toutes les hauteurs, et l'autre les distribue
dans cette plaine qu'elles fertilisent au profit d'un peuple heureux de cultiver son bonheur dans la liberté.

Telle est la liberté quand elle travaille au bonheur
du genre humain, au bonheur progressif, à ce bonheur
qui, pris dans le sens le plus élevé, dans l'idéal, est le
bonheur universel, égal au sein de l'inégalité.

On l'a vu, ce bonheur ne doit rien à l'égalité, absolument rien que son nom. Elle sert à le qualifier, et
c'est à cela que se réduit tout son droit dans la liberté.

Les pays libres, les pays où règnent les mœurs de la
liberté, sont aujourd'hui comme autrefois des pays où
l'esprit peu brillant et un peu terre à terre n'est guère
que du bon sens ; un bon sens pratique qui fait les plus
larges parts à l'inégalité par clairvoyance et à la fraternité par égoïsme.

L'esprit n'est donc pas une chose bien nécessaire
dans la liberté. Les fils de Rome libre allaient en puiser dans Athènes déchue. Et aujourd'hui on ne va ni
en Angleterre, ni aux États-Unis d'Amérique, ni en
Suisse, ni en Belgique, pour gagner de l'esprit, on
vient en France.

La France est la patrie de l'intelligence, le séjour de
l'esprit au vol hardi, impétueux et fier, le pays de

l'égalité par amour-propre, la terre de la charité par pur élan, par noblesse d'âme.

Elle n'a pas les mœurs de la liberté, mais elle peut les gagner et cependant rester elle-même.

C'est une pierre fine sans pareille. Qu'on lui laisse tout son feu, toute sa beauté et qu'elle en gagne de plus en plus.

Pour quelques taches qui lui restent, elle manque encore à la place qui l'attend, sur l'autel, dans l'écrin de la liberté.

CHAPITRE III

La France et la Liberté jusqu'à ce jour.

Pourquoi la France nouvelle, la France de 1789,
n'a-t-elle pas encore pris, et qu'est-ce qui peut, à supposer qu'elle y tienne, aider à lui faire prendre les
mœurs de la liberté ?

La prise de la Bastille et la *Marseillaise*, dans la Révolution. — Le Code civil et les bulletins de l'armée,
sous le Consulat comme sous l'Empire. — Les chan-
sons de Béranger, sous la Restauration. — Les carica-
tures du pouvoir, sous le régime de Juillet. — L'attente
presque passive à laquelle l'opinion publique se livre
sous le second Empire, tous ces faits remarquables
sont autant de traits saillants qui caractérisent : les

préoccupations de la France nouvelle dans les trois premières périodes qui ont suivi sa délivrance ; ses erreurs dans la quatrième, et ses dispositions dans la cinquième.

Cet aperçu laisse assez bien voir que, de 1789 à 1830, le peuple français fut empêché, que, de 1830 à 1852, il s'est empêché lui-même, et qu'aujourd'hui, au moment où tout l'y invite, il n'a pas assez souci de prendre les mœurs de la liberté.

Pour bien apprécier les principaux obstacles que la liberté a rencontrés jusqu'ici en France, je vais rapidement parcourir les cinq principales périodes qu'elle a traversées depuis 1789. Mais avant de parler tour à tour de notre première Révolution, du Consulat et du premier Empire, de la Restauration, du régime de Juillet et du second Empire, il faut tenir compte de l'école qui a donné, en France, le jour à la liberté.

Vers la fin du dix-huitième siècle, la civilisation, en France, était disproportionnée. Très-avancée d'une part, mais fort en retard de l'autre, elle manquait d'harmonie. Elle comptait beaucoup d'hommes éminents, mais le niveau général des intelligences était bas.

C'était la civilisation comme le despotisme l'avait permise, ou plutôt comme il n'avait pu l'empêcher.

Tel fut l'auditoire des maîtres de l'esprit humain au dix-huitième siècle.

Le spectacle qu'offrait la France à cette époque, était d'ailleurs des plus affligeants.

Le privilége avide, vaniteux et cruel, dominait un peuple maltraité, à peine ménagé par l'avarice de ses maîtres déjà inquiets.

La royauté, indolente et viciée, vivait au demi-jour, en volupté, et laissait faire le privilége.

Et pendant qu'en haut les choses allaient ainsi, le peuple, ignorant et dépouillé, languissait malheureux en bas.

A cette vue, des hommes d'élite, des hommes d'un grand esprit et de grand cœur se sont émus. Indignés de tant d'outrecuidance, pleins de reproches contre tant de mollesse et remplis de pitié pour tant de souffrance, ils se sont levés véhéments. Ennemis des ténèbres, sages, railleurs, sans pitié pour aucun abus, ils ont tout dévoilé. Ils ont frayé la voie, et, en la parcourant les premiers, ils ont à chaque pas marqué, rétabli ou défendu un droit, le droit de l'homme.

Ils avaient sans doute aussi le sentiment du devoir, le sentiment du devoir de l'homme, mais ce qu'ils en ont dit a passé presqu'inaperçu.

Ils avaient d'abord à faire, et ils ont principalement fait triompher le droit.

Par le fait, ils n'ont pas réveillé l'idée du devoir, et c'est d'eux que date en France la passion du droit. La plus noble des passions quand elle s'oblige à remplir tous les devoirs qui correspondent à chaque droit, mais la plus vaine de toutes quand elle s'en dispense.

Il y a des peuples qui, sans nier le devoir social, le remplissent mal, une fois avec passion et puis mollement. Ils ne connaissent pas cette tempérance active, saine et fermé, qui ne néglige rien et dure. Ils suivent leurs penchants, et, chez eux, le sentiment du devoir, dans les affaires publiques, est intermittent.

Ce fut et c'est encore le cas en France.

En militant principalement, presque exclusivement pour le droit, la philosophie, au dix-huitième siècle, s'est montrée trop française. Elle a flatté des penchants qu'il eût fallu régler, et en agissant ainsi elle a provoqué la passion la plus opposée aux mœurs de la liberté, la passion du droit unie à l'insouciance du devoir régulièrement accompli.

Ce fut, en France, le péché originel de la liberté. Et telle est, après tous les services que la philosophie a d'ailleurs rendus au dix-huitième siècle et qu'on ne

saurait trop reconnaître, la part à lui faire dans les revers de la liberté.

Dans la grande école de ce temps, les maîtres avaient
trop d'avance sur l'esprit des disciples. Leur génie a
lancé des flots de lumière au milieu des plus épaisses
ténèbres, et, au premier moment, les peuples, le privilège et les rois en furent tous également affectés. Tant
d'éclat, après une si longue nuit, leur fit mal, et cette
vive lumière, qui devait les guider, a commencé par les
aveugler. Elle ne les a pas doucement éclairés, elle les
a brusquement inondés de feu, et leurs âmes, diversement saisies, en restèrent frappées comme d'un vaste
éblouissement avant la tempête.

En faisant explosion, la Révolution, bouleversant
tout l'antique édifice social, a justifié les espérances
des uns comme les appréhensions des autres.

Ce qui distingue la révolution de 1789, c'est qu'elle
fut radicale, plus radicale qu'aucune autre révolution
faite dans aucun temps par aucun peuple.

En s'attaquant du même coup à l'ordre civil comme
à l'ordre politique, elle a voulu simultanément substi
tuer l'égalité devant la loi au privilège, et la liberté légale au pouvoir absolu.

En poursuivant ce double but, elle aurait peut-être

pu créer et conserver, modifier, réparer, faire beaucoup elle-même et laisser beaucoup à faire au progrès.

Soit que cette manière d'agir lui déplût, soit qu'elle
la jugeât peu sûre, elle ne l'a pas adoptée.

Ennemie du passé, tout ce qui venait du passé lui
était odieux. Elle n'a pas admis qu'il pourrait peut-
être bien profiter, tendre la main à l'avenir; et par
méfiance, comme par orgueil, elle a refusé de lui rien
emprunter. Elle s'était vainement persuadée que pour
effacer dans son propre sein les marques du temps, que
pour se détacher de ses racines, une vieille société n'a-
vait qu'à vouloir.

Ainsi abusée, elle s'est crue autorisée, et sans s'inquiéter de ménager au peuple ni le passage de la servitude à la délivrance, ni le passage du despotisme à la
liberté, elle a voulu tout démolir pour tout rebâtir.

Dans son idée, de bonnes lois devaient suffire à tout.

Elle a fait des lois, et, en les faisant, elle a traité
toutes les classes de la société comme une argile molle.
Elle les a, pour ainsi dire, pétries dans l'égalité, et puis
elle les a jetées toutes ensemble dans un moule neuf,
dans le moule de la France nouvelle.

Pour agir ainsi, elle a dû croire qu'un peuple peut
changer de caractère, comme il peut changer de face

spontanément. Et de plus, elle a certainement admis qu'une société, naguère profondément divisée, mais nouvellement réunie sous la même loi, devait, à cette seule condition, avoir subitement acquis une science, qu'à défaut d'occasion elle n'avait jamais pu apprendre ; une science toujours difficile, la science de se bien gouverner, la science de faire régner la paix au sein de la liberté garantie par des lois.

Vain espoir né de l'inexpérience comme de la générosité du législateur.

On voit quelquefois deux fleuves prendre leurs sources sur les mêmes sommets, et de là suivre des cours différents. L'un coule au nord et l'autre au midi. Ils ne visitent pas les mêmes peuples, ils ne fécondent pas les mêmes vallées, ils versent leurs eaux dans d'autres golfes, et, si jamais ils se rencontrent mêlés en atômes aux flots de la grande mer qui baigne tous les continents, ils ne se connaissent plus.

A peine nés, ils se sont perdus de vue, l'un n'a pas gêné l'autre, et chacun a fait son chemin.

L'ancienne France et la France nouvelle ont été comme deux rivières sorties de la même source. Mais elles ne se sont pas séparées paisiblement, et chacune n'a pas suivi son cours et fait son chemin sans heurter l'autre.

Dans la nuit du 4 août 1789, elle se sont rencontrées sur les mêmes hauteurs, et pendant un instant, fugitif comme l'enthousiasme, on a pu croire qu'elles allaient rester unies à jamais.

Généreuse illusion.

L'égalité qui devait les réunir les eut bientôt divisées ; mais elle les a divisées sans les séparer.

Elle les a jetées dans le même lit, et comme une pierre d'achoppement, toujours présente partout, elle les a suivies dans tout leur cours. Pendant quarante ans elle les a irritées l'une contre l'autre, jetées l'une sur l'autre, mises en guerre l'une avec l'autre. Et ainsi, implacable sans cesse, elle leur a fait escorte jusqu'au jour où l'une d'elles, la plus ancienne et la plus coupable, tarie dans sa source, a fini par disparaître.

Plus tard ; bien longtemps après la chute de l'ancien régime définitivement vaincu ; en 1848, l'égalité a voulu reprendre son vieux rôle au sein de la France nouvelle. Mais elle n'y a pas réussi, car cette fois elle a prétendu lutter contre des adversaires qu'elle s'était créés sans raison, par basse jalousie, et qui l'eurent bientôt vaincue.

Quoi qu'il en soit du tort que l'égalité a causé dans la révolution comme ailleurs, toutes les fois qu'en pré-

tendant s'imposer elle a fait régner en bas l'outrecuidance, au milieu le malaise, en haut l'hostilité, l'inquiétude et la violence partout ; la situation de la
France, abstraction faite de tous les dangers que la
guerre, au dedans comme au dehors, devait bientôt y
ajouter, était par elle-même des plus difficiles en 1789.

Le peuple avait brusquement passé du despotisme
avec le privilége à la liberté avec l'égalité, et pour
profiter à temps de tous les avantages que lui
offrait cette nouvelle situation, pour jouir, avant que
rien ne fût trop compromis, de sa délivrance comme de
sa liberté, il lui aurait fallu changer de genre de vie
et apprendre à se gouverner lui-même aussi vite que
la révolution avait agi et pensé, aussi vite qu'elle avait
conquis le droit et fait des lois.

Était-ce possible ? Une vieille société longtemps as-
servie et subitement délivrée, longtemps gouvernée
despotiquement et subitement appelée à se diriger elle-
même, une vieille société, encore toute pleine du passé,
aurait-elle pu subitement rajeunir au souffle de la liberté et rester sage? La France comme l'avaient faite
les siècles aurait-elle pu réformer ses mœurs, oublier
assez vite et apprendre assez tôt si, laissée libre de
dépenser toute son énergie au service de la liberté

légale la plus complète, elle s'y fût bien appliquée ?

Rien ne permet d'en juger, pas même un début.

A peine née, la France nouvelle a vu son existence menacée, et avant de songer à vivre libre, à plier ses mœurs à celles de la liberté, il lui a fallu penser à vivre, et faire la guerre pour vivre.

La lutte fut longue, elle a duré plus de quarante ans ; et pendant tout ce temps le peuple français est resté soldat, soldat au service du droit.

D'abord, soldat pour la conquête comme pour la défense du droit, dans la Révolution.

Ensuite, soldat pour venger comme pour faire universellement respecter ses droits, sous le Consulat et sous l'Empire.

Enfin, soldat de garde autour de son droit, incessamment menacé, sous la Restauration.

A ce métier il a pu apprendre, et il a effectivement bien appris le devoir de soldat. Mais quoi de plus et quoi surtout du devoir quotidien dans la liberté ?

Quand un peuple élevé comme l'avait été et doué comme l'était le peuple français en 1789, quand un tel peuple, divisé au dedans et menacé au dehors, se trouve poussé dans la lutte, obligé de faire la guerre pour sauvegarder ses principes comme son indépendance, il doit faire de grandes choses et produire de grands hommes, de grands orateurs d'abord, et de grands hommes de guerre ensuite. Il peut atteindre à tout, au comble dans la vertu, à l'excès dans le crime. Il peut inspirer l'admiration, semer l'épouvante, soulever des peuples, remuer le monde, vaincre mille fois, subir un désastre et cependant rester grand.

Éprouvé, fort comme une lame d'acier trempée dans le sang et brunie au feu, il est redoutable, et demeure couvert de gloire.

Toutes ces choses, le peuple français les a faites ou subies. Et en les accomplissant comme en les subissant il a pu grandir.

Mais tant qu'il fut ainsi engagé, il n'a pas appris; il ne lui a pas été possible d'apprendre à servir la liberté. Chemin faisant, il a pu reconnaître des écueils à éviter, mais à coup sûr il ne s'est pas tracé à lui-même, et il n'a montré à aucun autre peuple la marche à suivre pour fonder la liberté.

Qu'il a dû en être ainsi, le bon sens le dit et les faits l'ont prouvé. Mais pour bien se rendre compte d'un résultat si regrettable et afin d'être juste pour chacun, il convient d'examiner pour quelle liberté, pour quel droit, le peuple français a principalement combattu de 1789 à 1830.

Le droit civil est le droit qui règle les principales situations distinctes et les principales situations relatives que font, à tous les membres de la même société, la famille, la propriété dans tous ses genres et le travail dans toutes ses variétés.

En général, il y a liberté civile quand le droit civil se trouve réglé, n'importe par qui, à la satisfaction du peuple.

Le droit politique est le droit qui fixe les prérogatives du pouvoir et règle les rapports à maintenir entre le pouvoir et la société.

La liberté politique donne au peuple le droit de régler lui-même son droit politique et par conséquent son droit civil, car en réglant lui-même le droit du pouvoir, le peuple peut, évidemment toujours, imposer au pouvoir le droit civil préféré.

La liberté politique est donc à la fois la source et la garantie de la liberté civile, et pour que la paix et la liberté règnent ensemble il faut absolument que les bases fondamentales du droit politique comme celles du droit civil se trouvent universellement respectées, respectées par le pouvoir comme par la société.

À cette condition, mais seulement à cette condition, la liberté, la jouissance de la liberté légale, se trouve bien assurée.

Encore asservi en 1789, le peuple français s'est révolté ; et, sorti vainqueur de la lutte, il est devenu souverain.

Le premier usage qu'il a fait de sa souveraineté fut d'abolir la servitude. Il n'a plus voulu du privilége, et pour qu'il n'en restât plus aucune trace, il a proclamé l'égalité devant la loi, c'est-à-dire l'unité de lois unie à l'égalité des droits civils.

Le droit civil nouveau est ainsi devenu l'acte de naissance de la France nouvelle, sa légitimation, une charte de délivrance, la liberté comparativement à la servitude subie sous le privilége. Cet affranchissement, cette liberté relative, qui n'exclut nullement le despotisme et dont le despotisme monarchique peut très-bien s'accommoder, est la liberté dont le peuple français a principalement dû se préoccuper depuis 1789 jusqu'en 1830.

Ce droit fut contesté par l'ancien régime armé contre lui dans la Révolution, respecté par un pouvoir jaloux de le faire universellement respecter sous l'Empire, et menacé de nouveau, par l'ancien régime revenu au pouvoir, sous la Restauration. C'est pourquoi le peuple français, tour à tour indigné, satisfait ou irrité, mais toujours préoccupé de son droit civil, a vécu pendant quarante ans, d'abord dans la liberté révolutionnaire, ensuite sous le despotisme, et enfin dans une liberté viciée par l'inimitié du pouvoir, dans une liberté où le droit politique, constitutionnellement réglé dans le but de faire veiller ensemble le peuple et son gouvernement à tous les intérêts de l'État, n'a guère servi qu'à défendre la société contre les entreprises du pouvoir.

Ainsi la France, empêchée de fonder sa liberté tout entière, empêchée d'apprendre à régler elle-même sa vie au sein de la paix dans la liberté aussi longtemps qu'il lui a fallu combattre pour défendre comme pour affermir son droit civil compromis ou menacé au dedans ou du dehors, a fatalement dépensé plus de quarante ans à faire accepter comme à imposer sa délivrance, à parfaire la préface de sa liberté.

Cela m'amène à parler d'une calomnie que je veux réfuter.

On a comparé le bruit qui s'est fait dans la liberté, pendant la Révolution et sous la Restauration, au silence qui a régné autour de la liberté sous l'Empire. On a généralement attribué ce silence au despotisme exercé par l'empereur Napoléon Ier dans le succès, et puis on a parlé, sans bienveillance, du réveil des idées libérales sous Napoléon Ier dans les revers.

On sait pour quelle liberté le peuple français a principalement combattu jusqu'en 1830. On pourrait peut-être prouver qu'il aurait pu agir autrement et le blâmer. Que celui des peuples qui, placé dans les mêmes conditions, eût agi plus sagement s'en charge, c'est son droit. Mais ceux qui prétendent que la France, privée de liberté sous le premier Empire, s'est laissé faire violence pendant quinze ans, et que pour élever la voix elle a lâchement attendu les défaillances d'un grand homme dans l'adversité, ceux-là ne la connaissent pas, ou lui font injure.

Aucun homme, si glorieux et si grand qu'il soit, ne peut indéfiniment imposer silence à la France. Pour se taire, il faut qu'elle y consente, et pour obtenir son consentement passager il n'y a que deux moyens : par compensation, il faut lui offrir des satisfactions momentanément suffisantes, ou bien il faut avoir été soit assez habile, soit assez malheureux pour l'entraîner dans une situation où, par bon sens, elle croit nécessaire de se laisser diriger par un pouvoir absolu.

La délivrance assurée et la création de tout ce qui

devait en faire jouir sont les satisfactions que le premier Empire a offertes au peuple français. Elles lui ont paru suffisantes, et jusqu'en 1808 elles ont compensé la liberté politique absente, mais plutôt tombée dans l'oubli qu'opprimée.

Il est vrai que dès lors nos pères avaient déjà senti que leur droit civil, tout satisfaisant et tout respecté qu'il fût, ne pouvait pas leur suffire, que pour se garantir contre les entraînements du pouvoir il leur fallait encore autre chose, et que la liberté politique leur faisait trop défaut.

Mais la gloire a des entraînements auxquels le peuple français ne sait pas résister, et lorsque, dans les luttes que la passion de dominer a provoquées, on sait toucher dans son cœur la fibre qui correspond à l'amour de la patrie, ce peuple oublie la liberté, prend les armes et vole aux combats.

C'est pourquoi la France a suivi son glorieux chef sans réclamer la liberté, jusqu'à la veille du jour où, prête à tomber elle-même dans l'abîme, elle a tardivement reconnu toutes les douleurs qui menacent les peuples dignes, mais trop oublieux de la liberté.

Ainsi, en résumé, déjà trop difficile par elle-même, la tâche que la Révolution a imposée au peuple français fût rendue impossible par les obstacles qui sont encore venus s'y opposer au-dedans comme au dehors.

L'Empire a vaincu ces obstacles, mais il ne l'a pas fait au profit de la liberté.

La Restauration a voulu les faire renaître, mais en s'y essayant elle a succombé.

Et pendant tout ce temps, le peuple français, militant principalement pour le droit, et tantôt inquiet, tantôt satisfait, mais le plus souvent inquiet de sa délivrance, n'a rien appris du devoir, de tous les autres devoirs à remplir dans la liberté.

Je n'ai rien à dire des hommes d'élite qui auraient voulu voir régner la liberté légale dans la Révolution, sous l'Empire comme sous la Restauration.

Leurs généreux efforts ont échoué contre les entraînements d'un peuple dont les mœurs politiques, bien loin de gagner en valeur, ont fatalement pris de 1789 à 1830 le caractère qu'elles ont gratuitement gardé sous le régime de Juillet, un caractère méfiant, enclin à soupçonner, même à toujours incriminer le pouvoir.

En 1830, après la chute de l'ancien régime définitivement vaincu, la France de 1789, la France nouvelle, débarrassée de ses vieux ennemis, s'est trouvée dans la plus belle position.

En possession de tous ses droits, forte, reconnue, pleine de sécurité justifiée, et satisfaite jusque-là, elle était libre, libre d'agir sur elle-même, libre d'apprendre à jouir du droit uni au devoir accompli.

On devait s'attendre à lui voir fonder sa liberté.

Elle a trompé cet espoir.

Inquiète sans raison, inquiète du droit que rien n'a menacé pendant plus de dix-sept ans, elle a possédé la liberté, elle a fait du bruit dans la liberté, mais elle n'a pris en rien les mœurs de la liberté. Et après avoir ainsi longtemps vécu sans rien apprendre, elle a fini par tomber dans l'anarchie.

La première des causes, la cause mère de toutes les autres causes qui ont motivé cette conduite et provoqué ce déplorable résultat, est une idée fausse : l'idée qu'on se fait en France de l'efficacité des lois ; l'idée qui porte à croire que des lois très-libérales, bien faites et bien obéies sont la condition nécessaire et suffisante au succès dans la liberté.

C'est une grave erreur, et pour montrer le mal qu'elle a fait, comme pour prévenir celui qu'elle pourrait encore causer, il faut la dévoiler.

Les lois libérales donnent la liberté, mais elles ne

font pas jouir de la liberté, même quand elles sont bien obéies.

Il leur faut plus que l'obéissance, elles exigent le respect.

Qu'est-ce que le respect de la loi ?

C'est le propre de la loi d'ordonner, de défendre, de permettre et de punir.

Quand la loi ordonne ou défend, elle punit celui qui enfreint la défense qu'elle fait ou l'ordre qu'elle donne, et ainsi elle se fait obéir.

Quand elle permet, elle peut encore punir pour empêcher d'abuser ; mais elle se trouve désarmée, elle ne peut rien contre celui qui, ne sachant ou ne voulant pas user du droit qu'elle donne, s'abstient.

Ainsi, obéir à la loi, c'est faire ce que la loi ordonne et renoncer à faire ce qu'elle défend.

Mais respecter la loi, c'est obéir à la loi, et de plus faire usage, bon usage, de tout ce qu'elle permet.

Le respect de la loi ne signifie pas autre chose et je n'y attacherai plus d'autre sens.

Sous le despotisme, la loi ordonne et défend beaucoup, mais permet peu, et il n'importe guère que le peuple use ou n'use pas du faible droit qu'elle lui laisse.

Le pouvoir exige, et pour sa sûreté il lui suffit que la loi se trouve rigoureusement obéie.

Il n'en est pas ainsi dans la liberté.

Car ici la loi permet beaucoup, et le succès auquel elle vise en permettant ainsi dépend évidemment de l'usage auquel rien ne peut obliger, du bon usage que le peuple doit toujours vouloir et savoir faire de tous les droit qui lui sont accordés.

Ainsi une société peut obéir à des lois libérales sans les respecter. Elle peut faire ce que la loi ordonne, renoncer à faire ce que la loi défend, et cependant, soit par insouciance, soit par incapacité, s'abstenir d'user, ou mal user, mal tirer parti de tout ce que la loi permet.

Il est donc absurde, radicalement faux de croire que des lois libérales, même quand elles sont bien obéies, offrent à cette seule condition assez de garanties dans la liberté.

En France, et pendant tout le règne du roi Louis-Philippe, cette erreur a dominé ; et au fond elle a servi de règle à la majorité, dans le parti du gouvernement comme dans celui qui a formé l'opposition constitutionnelle.

Les premiers, ceux qui faisaient la loi, n'ont tenu

qu'à la voir obéie. Ils ont cru qu'en devenant ainsi libre de mêler sa vertu à la force des choses leur loi devait satisfaire à tout, et que, par conséquent, ils n'avaient eux-mêmes ni à la respecter dans leur propre sphère, ni à tâcher de la faire respecter ailleurs. Et tandis que ceux-là, satisfaits de légiférer, se tenaient d'ailleurs inactifs, inactifs sur le point essentiel, mais pleins d'espoir dans l'attente; les autres, tous ceux qui formaient l'opposition constitutionnelle, perdaient patience et faisaient perdre patience au peuple.

Ils trouvaient que le succès dans la liberté se faisait trop attendre. Et, pour le hâter, que demandaient-ils ? Ils demandaient des lois plus libérales, des lois dont à leur tour ils se promettaient tout, à la seule condition de les voir bien obéies.

Ainsi, eux aussi, ils ont cru à la toute-puissance de la loi bien obéie dans la liberté. Eux aussi, ils ont cru pouvoir se dispenser de respecter comme de faire respecter cette loi. Eux aussi, ils étaient dans l'erreur.

D'où vient en France cette répugnance à faire tout son devoir dans la liberté ?

Si exagérer la valeur efficace du droit sagement réglé par des lois est une erreur dans laquelle des esprits logiques, mais point familiarisés avec la pratique, ont pu aisément tomber au dix-huitième siècle, au sein de la lutte qu'ils ont soutenue pour la conquête du droit opiniâtrement contesté ; et si ensuite cette erreur transmise a dû aisément prendre racine dans l'esprit d'un peuple trop souvent menacé de perdre ses droits, une autre cause, une cause plus intime a sans doute encore plus contribué à faire aisément accepter et trop longtemps durer cette opinion si fausse dans la liberté.

Cette cause, c'est la ténacité de nos mœurs longuement contractées sous le despotisme.

Vivre pour soi et pour les siens ; avoir un cercle d'amis, s'y complaire, en profiter, s'y rendre utile et peu s'inquiéter du reste ; n'être qu'une unité, un homme vivant presque isolé au milieu de ses concitoyens traités comme des étrangers, mais se sentir nation, membre d'une grande nation entre les mains du gouvernement ; vivre, agir, penser et sentir ainsi, est une condition à laquelle l'homme peut trouver des charmes. S'en bien trouver et ne pas demander mieux est une vertu sous le despotisme, mais un vice dans la liberté.

Le peuple français a toujours affectionné ce genre de vie, et la conduite qu'il a suivie sous le régime de Juillet prouve qu'il a cru pouvoir le continuer dans la liberté, et qu'il y a tenu.

Les hommes de ce temps ont voulu jouir de la liberté, et cependant vivre sans s'inquiéter les uns des autres, comme sous le despotisme. Ils ont répugné à reconnaître que la liberté légale abandonnée à elle-même est stérile, et l'idée que des lois qui permettent beaucoup pouvaient cependant peu exiger les a dominés.

Ainsi aveuglés, ils ont essayé de vivre chacun pour soi. Au lieu de se témoigner les uns aux autres, dans toutes les occasions qui naissent de la vie en société, cette sollicitude qui aide, éclaire ou redresse constamment et qui, en rapprochant les hommes, les rend habiles à prendre comme à poursuivre ensemble des résolutions sagement mûries, ils ont préféré se tenir séparés dans l'isolement individuel qui les charmait et dont ils ne sont guère sortis parfois que pour y rentrer aussitôt, après avoir bruyamment exercé ensemble des droits à l'usage salutaire desquels rien ne les avait préparés.

Quand un peuple tient cette conduite dans la liberté, quand au lieu de s'appliquer à bien tirer parti de ses droits en exerçant sur lui-même ce contrôle actif et prudent, à défaut duquel l'exercice salutaire de tout droit collectif est impossible ; quand au lieu de faire ainsi son devoir, en vivant actif et calme, il ne sait que s'abstenir ou se passionner, il ne faut pas lui demander de rien fonder. Servir la liberté, remplir le premier devoir que la liberté impose et sans l'accomplissement duquel il est impossible de jouir de rien dans la liberté, lui est à charge, et en s'abstenant sur ce point il agit exactement comme s'il ne voulait pas être libre.

Et cependant, sous le régime de Juillet, le peuple français a voulu jouir de la liberté. Mais il l'a voulu à des conditions appropriées à ses goûts, à des conditions qui, si elles avaient pu convenir, eussent provoqué une vraie découverte, la découverte du moyen le plus sûr et le plus simple pour jouir sans peine de tous les bien-faits de la liberté.

Pour être déplorables, ces conditions n'en ont pas moins été imposées par la société française au pouvoir constitutionnel et sincèrement libéral issu de la révo-lution de Juillet.

Elles sont telles ; il est si pénible de les attribuer à un peuple intelligent et bon, qu'on ne peut se décider à les énoncer sans rappeler des causes qui, sans les jus-tifier, aident du moins à faire comprendre comment elles ont pu être faites.

Jusqu'à l'avénement du roi Louis-Philippe, le peuple français avait été souvent mal et rarement bien gouverné par des pouvoirs absolus; mais il n'avait pas une seule fois vu ses affaires bien faites dans la liberté.

D'autre part, les trois rois constitutionnels qui avaient précédé le roi Louis-Philippe sur le trône, avaient, chacun à son tour, prouvé ou trop laissé voir qu'à leurs yeux un roi constitutionnel n'était pas un vrai roi; que ce n'était qu'un roi amoindri, un roi outragé, un roi qui, par dignité, ne devait tendre qu'à regagner des droits perdus, à empiéter.

Ces deux circonstances ont sans doute beaucoup influé sur la situation faite au pouvoir après la révolution de Juillet.

La première, jointe au penchant dont nous avons déjà parlé, et qui porte le peuple français à se peu soucier de solidarité, a fait aisément admettre qu'il devait convenir de charger du soin de tout faire un pouvoir toujours forcé d'obéir.

Et de la seconde est née cette conviction qu'un pouvoir constitutionnel devant nécessairement tendre à empiéter, il fallait avant tout et toujours se préoccuper de l'en empêcher.

A quoi se réduisent, quand un peuple conserve un tel penchant et nourrit de telles idées, le droit et le devoir dans la liberté?

On se le rappelle encore, le peuple français l'a montré pendant plus de dix-sept ans.

Être libre devient le droit d'exiger du pouvoir, d'un pouvoir relativement faible et facile à entraver, qu'il fasse tout et bien.

Servir la liberté n'oblige qu'à surveiller le pouvoir, à lui marchander toutes les ressources, celles dont il ne peut se passer pour bien faire comme celles qu'il lui faut pour empêcher de mal faire.

Et garantir la liberté se réduit uniquement à toujours soupçonner comme à toujours menacer le pouvoir.

Telles sont les conditions dans lesquelles le peuple français, personnifié dans le parti conservateur et le parti de l'opposition constitutionnelle, s'est placé lui-même à l'égard du pouvoir pour jouir de la liberté sous le régime de Juillet.

On le voit, c'est le pouvoir chargé de faire jouir le peuple, de quoi?

D'une flatterie, d'une fête donnée pour lui plaire au forum, au cirque, dans les arènes?

Non, c'est le pouvoir chargé d'une tâche absurde, c'est un pouvoir constitutionnel, libéral, chargé de faire jouir le peuple d'un bien qu'il refuse de mériter, des bienfaits de la liberté.

On sait à quoi ces prétentions ont conduit. Quel ma-laise elles ont provoqué dans le pays, au sein de l'immense majorité qui ne voulait pas changer de dynastie ; le parti qu'en ont tiré trois minorités, les deux qui voulaient d'autres dynasties comme celle qui ne voulait d'aucune dynastie, et comment enfin a pu naître et grandir dans l'anarchie morale provoquée par cet état de choses une secte dont la doctrine refusant également toute dynastie, a de plus encore prétendu renverser les bases fondamentales de l'ordre social.

Il faut le reconnaître, aux conditions faites à la royauté de Juillet, aucun pouvoir, qu'il s'appelle sénat, conseil, empereur, président ou roi, aucun pouvoir libéral contrôlé n'est possible.

Jules César passe pour un grand homme, et pourvu qu'on ne se montre pas trop soucieux de sa moralité, rien n'autorise à lui contester ce titre.

Et cependant, qu'eût certainement fait le fier vainqueur des Gaules, s'il avait pu devenir roi constitutionnel des Français en 1830 ?

Pour sauvegarder sa dignité trop compromise dans ce commandement, il aurait... abdiqué ou usurpé.

Le roi Louis-Philippe a espéré. Une autre dignité, la dignité du peuple français, lui fut plus chère que la sienne. Il n'a pas consenti à dire: ce peuple ne vaut rien, il faut l'abandonner ou l'asservir. Il n'a pas désespéré et il a succombé. Mais, tant qu'il fut à son poste il s'est fié, comme il a voulu que le monde crût, au bon sens du peuple français. Et par là il s'est honoré.

Le fait capital offert à l'appui du bon sens qui condamne la conduite des classes supérieures de la société française, sous le régime de Juillet, c'est le socialisme.

Il est né, comme il a pu grandir, parce que ces classes n'ont pas fait leur devoir dans la liberté.

Et il renaîtra, il devra forcément renaître, peut-être sous une autre forme, mais toujours le même au fond, toutes les fois que, libre de se diriger d'après sa propre prudence, la société française voudra tenir la même conduite et faire au pouvoir les mêmes conditions.

Pour s'en convaincre, il suffit de voir d'où viennent les socialismes, d'où vient le mal, quel est le remède à ce mal, qui peut le mieux et qui doit surtout appliquer ce remède dans la liberté.

Tout devoir point ou mal accompli est une source de malaise, et le malaise, le malaise moral comme le malaise matériel, négligé dans la liberté enfante nécessairement tôt ou tard des socialismes.

Sous le despotisme , le malaise est muet. Il règne et tourmente en silence. Réclamer est un crime, et tant que le mal enduré reste moindre que le châtiment réservé à qui se plaint, chacun se tait. La peur maintient l'ordre.

Dans la liberté , au sein du mouvement universel qu'elle provoque, et où l'ordre doit régner, non par peur mais par bon sens, réclamer est un droit, et chacun en use ; celui qui a lieu de se plaindre, comme celui qui devrait se contenter, celui qui cherche à nuire, comme celui qui vise au bien, mais pousse au mal sans le savoir.

Abandonner tous ces mécontents à eux-mêmes, ne pas s'en inquiéter ou trop peu s'en inquiéter, ne pas soulager ou trop peu soulager les uns, ne pas raisonner ou trop peu raisonner les autres, reconnaître des hypocrites et leur laisser le masque, écouter des rêveurs, entendre le bon sens outragé et se taire ; tout cela c'est à la fois le devoir mal accompli provoquant le malaise, et le malaise négligé poussant tous les mécontents à s'entendre pour former, à la faveur de tous les points de contact qu'ils s'offrent les uns aux autres, un corps inquiet, aigri, passionné, un socialisme, une secte ennemie active à provoquer et toujours prête à saisir l'occasion de renverser l'ordre social établi.

Comment empêcher de naître, et comment combattre quand elles sont là, ces coalitions formées par toutes les misères, par toutes les misères morales et par toutes les misères matérielles abusant du droit dans la liberté?

Contre un tel mal, pour le prévenir comme pour l'étouffer dans son germe, pour l'empêcher de grandir comme pour le détruire quand il a pu naître, il n'existe qu'un seul remède. En principe, il faut lui faire la charité. Il faut aborder toutes ces misères et guérir ou soulager par charité, lutter contre l'erreur par charité, faire la guerre au vice par charité.

Où trouver, pour remplir une pareille tâche, assez de lumières, assez de volonté forte, assez d'intention pure? Et si tant de vertu désintéressée était trop rare, à quelle autre vertu moins pure faudrait-il encore s'adresser pour la remplacer? Qui doit, à défaut de cœur, conserver assez de bon sens pour faire la charité par égoïsme? Quelle est la puissance douée d'ubiquité qui peut le mieux pratiquer partout à la fois et toujours, sur tous les degrés de l'échelle sociale, cette charité bâtarde? A qui, en un mot, appartient-il de faire, en pratiquant la fraternité, la police dans la liberté?

Est-ce au pouvoir ou bien à la société?

Plaçons, pour plus de clarté, le pouvoir et la société dans les conditions où l'un comme l'autre a vécu sous le régime de Juillet.

On a prétendu que, sous ce régime, le pouvoir, trop empêché de réprimer, s'est trouvé obligé de lutter, mal armé, contre les anciens partis ennemis du trône, et presque désarmé contre le nouveau parti ennemi de l'ordre social. On a beaucoup insisté là-dessus, et l'on a laissé entendre que sans cela beaucoup de mal ne serait pas arrivé.

Si l'on a voulu dire que le gouvernement libéral de Juillet aurait dû changer de nature, et qu'en devenant à temps un pouvoir despotique il aurait peut-être pu rester debout et tout sauver en imposant silence, un silence compensé par quelque vive satisfaction offerte aux masses, on peut avoir raison. Mais à rester dans les conditions que ses propres partisans lui avaient faites, ce pouvoir a dû tomber, et un peu plus ou même beaucoup plus d'autorité contrôlée par une société pleine d'exigences, mais très-peu soucieuse de faire elle-même son devoir, ne l'en eût certainement pas empêché.

Tout le prouve. Car le pouvoir de Juillet n'a pas été

vaincu pour défaut d'armes, il est tombé par défaut d'appui.

Assez armé et assez fort contre chacun des trois anciens partis ennemis du trône, contre tous les partis qui voulaient changer de royauté ou abolir la royauté sans toucher aux bases fondamentales de l'ordre social, il les a vaincus dans tous les conflits. Mais trop faible à lui seul et mal soutenu contre les ennemis de la société, il est tombé avec l'ordre social renversé par des sectaires.

Ainsi, il ne faut pas s'y tromper, admettre que le pouvoir de Juillet mieux armé aurait pu tout sauver, c'est prétendre qu'un pouvoir constitutionnel libéral mal soutenu, peu aidé et beaucoup contrarié, mais relativement puissant, très-libre de réprimer avec rigueur, peut et doit vaincre une doctrine antisociale. Une doctrine, vicieuse au fond, mais pleine de satisfactions offertes au nom de l'équité à tous ceux qui, nécessiteux, aigris, aveuglés ou pervers, sont toujours prêts à se révolter.

C'est toujours la même erreur, c'est toujours prétendre que le pouvoir, armé de la loi, peut et doit tout garantir dans la liberté.

Cette prétention, toujours fausse, est singulièrement absurde dans le cas particulier en question.

Que peut, en effet, que peut un pouvoir constitutionnel libéral, un pouvoir forcé de se mouvoir dans des
limites tracées par des lois libérales, que peut un tel
pouvoir, même quand la loi lui accorde tout, absolument tout ce qu'elle peut accorder sans perdre son
caractère, que peut-il contre une doctrine ennemie de
l'ordre social et greffée sur la misère ?

Toute doctrine de ce genre est d'abord proposée.
Avant de faire agir, elle fait penser. Elle met en circu-
lation des idées, des théories offertes à l'appréciation de
chacun, à l'appréciation du pouvoir comme à celle de
la société. A ce moment, elle se trouve, pour ainsi dire,
située entre les causes plus ou moins éloignées qui
l'ont fait naître et le mal prochain qu'elle doit produire.

Ce n'est encore qu'un groupe d'idées.

Quand le pouvoir trouve ces idées perverses, que
peut-il contre elles ?

Peut-il, en usant de rigueur, les empêcher de cir-
culer ?

On n'étouffe pas les idées dans la liberté. Et bien
que, sans cesser d'être libérale, la loi puisse défendre
certaines idées nuisibles au salut public, il lui faut, le

plus souvent, et surtout quand il s'agit d'idées nouvelles, procéder avec tant de ménagements, laisser tant de marge et offrir tant d'issues, qu'en général menacer ou punir la publication d'idées subversives empêche peu, mais aigrit beaucoup.

Ainsi, un pouvoir libéral contrôlé, si autorisé qu'il soit à user de rigueur pour réprimer dans le domaine des idées ne peut guère, et par le fait, il lui faut toujours attendre que des idées perverses aient produit des actes pervers.

Sera-t-il plus heureux, plus sûr de réussir si, au lieu d'attaquer une doctrine malsaine pendant qu'elle se propage, il attend le mal qu'elle doit provoquer, un corps de délit des actes à punir ?

A force de sévir, il pourra peut-être bien intimider passagèrement, paralyser pour un temps et même se flatter d'avoir réussi ; mais, au fond, il n'aura radicalement remédié à rien.

On peut maltraiter un arbre, on peut le dépouiller, l'endommager, le mutiler, abattre les fruits, briser les branches, déchirer le tronc ; il paraît mort, mais tant qu'on n'aura pas touché aux racines, tant que ces racines seront vivaces, cet arbre devra renaître.

Il en est de même d'une doctrine ; pour la faire périr

ou languir il faut détruire ou débiliter les causes qui l'ont fait naître.

Hors de là rien n'est efficace.

Or, on connaît les racines, toutes les misères qui produisent des socialismes. Contre tous ces maux, que peut le pouvoir plus libre de réprimer? Quand il aura puni dans chaque sectaire, soit un malheureux dans le besoin, soit un sot aigri, soit un enthousiaste égaré, soit un hypocrite ambitieux, quel bien aura-il fait? Aurat-il aidé en rien, soulagé personne, rectifié aucune idée, apaisé aucune passion?

Non, c'est évident. Il a pu intimider; mais comme il a intimidé sans remédier, il n'a rien fait qui vaille. — Au fond, il a laissé subsister le mal, mais il s'est flatté de l'empêcher et pour y réussir, il a blessé, aigri et surexcité tous ceux qui souffrent comme tous ceux qui s'autorisent du mal.

C'est puéril; aussi aucun pouvoir, punissant ainsi, n'a-t-il jamais réussi à rien, à rien qu'à donner à tous les mécontents une leçon de prudence, une leçon de prudence bonne à observer la prochaine fois, à la première occasion facile à provoquer quand la liberté se trouve mal respectée.

Ainsi, pour être plus libre de punir, un pouvoir contrôlé ne pourra jamais assez ni pour prévenir la propagation, ni pour empêcher les effets d'une doctrine antisociale qui prend son point d'appui dans la misère.

Mais une telle doctrine, si perverse qu'elle soit, n'est pas elle-même le principe du mal; elle est le produit, la conséquence d'un autre mal, et le pouvoir, usant de sa force accrue, ne pourrait-il pas, peut-être, détruire ce mal primitif en l'attaquant non plus dans des effets, dans l'école qu'il a fait naître ou dans les actes qu'elle a provoqués, mais en l'attaquant lui-même dans ses sources, pour les tarir ?

Pas davantage.

Des difficultés sans nombre ; la difficulté d'aller visiter partout, et toujours à temps, tous ceux qu'il faut soulager, toux ceux qu'il faut redresser, tous ceux qu'il faut réfuter, tous ceux qu'il faut démasquer ; la difficulté d'apprécier la position, la difficulté de parler le langage, la difficulté de se faire écouter, la difficulté de se faire comprendre de chacun, la difficulté de trouver un remède pour chacun, comme la difficulté de l'appliquer à chacun ; toutes les difficultés inhérentes à cette tâche immense la rendent impossible, impossible au pouvoir si fort et si habile qu'on le suppose. Et quand même on voudrait en douter, quand même on prétendrait qu'un pouvoir relativement libre de tout faire doit réussir à tant faire; une autre cause, une cause étrangère dans cette question devrait encore l'en empêcher.

A trop se mêler de tout, à prendre l'initiative en tout, le pouvoir, dans la liberté, se fait toujours soupçonner. En s'inquiétant trop des autres, il porte à croire qu'il ne songe qu'à lui-même, à étendre ses droits, à empiéter. Et cette arrière-pensée, qu'il provoque d'autant plus sûrement qu'il lui est moins possible de tout régler sans beaucoup froisser, serait encore, à défaut de toutes les autres, une cause assez forte pour le paralyser.

Ainsi, pour être mieux armé, plus fort légalement, un pouvoir contrôlé ne pourra jamais à lui seul ni prévenir, ni réprimer, ni guérir assez bien le mal qui vient de la misère, le mal qui a ses racines dans la misère morale comme dans la misère matérielle et qui, lorsqu'on le néglige dans la liberté, doit constamment inquiéter, menacer, ébranler et souvent finir par renverser pour un temps l'ordre social établi.

Aussi cela n'est-il pas l'affaire du pouvoir. Il peut, il doit y aider, mais au fond c'est le devoir de la société. Elle dispose de ressources naturelles qui font

défaut et que rien ne peut donner au pouvoir, de ressources puissantes dont elle seule peut user, et qui lui
assurent le succès sans exiger de sa part rien qu'elle
ne puisse accomplir.

En effet, qu'on prenne un cas particulier; une seule
souffrance à soulager, une seule prétention à combattre, une seule erreur à réfuter, un seul hypocrite à
démasquer. Qui doit le mieux y réussir, du pouvoir
agissant officiellement par l'intermédiaire d'un agent
autorisé par la loi mais vivant isolé, presque en étranger, dans la localité qu'il habite, ou de l'honnête
homme éclairé, naturellement porté et facilement reçu
à se faire écouter, à aider, à conseiller, à louer, à blâmer au sein d'une population qui le connaît, dans la
commune qui l'a vu naître ou qu'il habite depuis longtemps, et où, à la faveur de sa position relativement
meilleure, comme en vertu de son mérite relativement
plus grand, il peut exercer beaucoup d'influence sans
bruit, se rendre utile aux autres comme à lui-même et
ainsi faire son devoir en profitant simplement, honnête-
ment, de toutes les occasions qu'il trouve ou qu'il peut
aisément provoquer dans le cours ordinaire de la vie?

Ce que ce particulier peut évidemment faire plus
facilement et mieux qu'aucun agent du pouvoir, tous

les hommes de bien placés dans des situations analogues sur tous les degrés de l'échelle sociale le pourront également faire plus facilement et mieux que tous les agents du pouvoir, si nombreux et si habiles qu'on les suppose.

Ainsi, dans la liberté, le devoir de veiller au bien-être moral et matériel commun, ne retombe pas principalement sur le pouvoir, mais sur les classes supérieures de la société.

Cette tâche s'impose si naturellement à tous ceux qui personnifient la prudence sociale, qu'au premier abord on s'étonne de la voir si rarement bien remplie. Il semble que, la force des choses aidant, un peu de bonne volonté devrait y suffire.

Il n'en est pas ainsi, car cette tâche est toujours difficile et souvent ingrate. Il faut s'y vouer. Et même alors, si bien qu'ils se trouvent naturellement placés, si heureusement doués et si pleins de bonne volonté qu'on les suppose, tous les hommes de bien et suffisamment éclairés n'y peuvent encore réussir qu'à une condition.

Il faut qu'ils se donnent à eux-mêmes, à leur activité libre comme à leur valeur diverse, une base d'opération commune.

Pour bien agir sur le reste du peuple, il leur faut d'abord bien agir sur eux-mêmes, et commencer par se mettre d'accord sur les bases fondamentales de l'ordre social comme sur celles du gouvernement établi.

Pourquoi cela ?

Pour se préserver eux-mêmes comme pour préserver le reste de la société contre l'esprit de parti.

Non pas, bien entendu, contre l'esprit de parti qui honore et féconde, mais contre l'esprit de parti qui deshonore et stérilise. Non pas contre l'esprit de parti que la liberté autorise, qu'elle exige, qu'il lui faut pour vivre, et qui, nourri de saine émulation, est la plus sûre garantie des peuples, leur honneur comme leur intérêt sauvegardé. Non pas contre cette vertu dans la liberté. Mais contre l'esprit de parti vicieux, étroit et bas, arbitrairement discipliné, asservissant, odieux recruteur au service de toute révolution mal justifiée, toujours prêt à renverser, mais incapable de rien fonder, impuissant à former un seul homme au service de la liberté.

Cet esprit de parti malfaisant vient d'en-haut, du désaccord quand il règne en-haut. Les tiraillements que ce désaccord provoque correspondent aux aspirations révolutionnaires d'en-bas, et souvent il arrive que les premiers ont à peine irrité les esprits que déjà les autres, enflammant le sang et armant le bras de la multitude, ont donné un corps à l'esprit de parti, à chaque parti un corps prêt à le servir, prêt à faire la guerre pour lui.

Or, on s'applique mal à se bien établir, et l'on s'inquiète peu d'aider les autres à se bien établir quand l'ordre social toujours menacé demeure chancelant. Et les peuples qui chérissent la liberté, mais qui ne savent pas se préserver contre l'esprit de parti, se condamnent eux-mêmes à vivre comme ces populations qui, attirées par les promesses du sol, habitent au pied des volcans et demeurent établies à la légère en attendant l'explosion.

Il est donc urgent, il faut absolument que les classes supérieures d'une société libre, remplissant le premier de tous leurs devoirs se mettent, à tout prix, d'accord sur les bases fondamentales de l'ordre social comme sur celles de leur gouvernement. Et sur ces points il leur faut de la franchise. Ils ne peuvent pas dire oui et penser non ou peut-être, et rien ne leur permet non plus d'accepter avec mollesse, comme des gens qui n'attaquent pas ou qui se figurent avoir assez fait quand parfois ils prennent la peine de défendre par boutades, sans suite et presque au hasard, des principes adoptés par imitation et mal observés par insouciance.

Il leur faut s'accorder comme des citoyens consciencieux et sages, intimement convaincus que, pour l'honneur comme dans l'intérêt de la société, ils doivent nécessairement respecter et faire respecter, partout et toujours, tous les principes sur lesquels repose l'édifice social.

En se défendant ainsi d'ébranler comme de laisser ébranler rien de tout ce qui doit rester fixe, les classes supérieures d'une société libre se donnent à elles-mêmes cette base d'opération bien assise, à défaut de laquelle tout reste flottant, mais qui, une fois posée, leur permet de se bien établir au sein de la paix avec le peuple rendu confiant et prospère, sous la direction de ses chefs naturels. Sous une direction librement offerte et librement acceptée ; acceptée par un peuple intelligent, et offerte par les amis du peuple, par des hommes jaloux de faire leur devoir en veillant, sans arrière-pensée, au bien-être moral comme au bien-être matériel commun, à la santé de l'âme comme à la santé du corps social.

De 1830 à 1848, les classes supérieures de la société française ont trop négligé leur devoir. Elles n'ont.

point su ou elles n'ont pas voulu s'accorder, elles n'ont pas su ou elle n'ont pas voulu se diriger elles-mêmes, et elles n'ont point dirigé le peuple. Mais ce n'est pas tout, et ces classes, à cette époque, ont encore mérité un autre reproche. Responsables du bien qu'elles n'ont pas fait, et responsables du mal qu'elles n'ont pas empêché, elles sont encore responsables du mal qu'elles ont provoqué. Par leur conduite à l'égard du pouvoir, elles ont surexcité les passions et hâté l'égarement de la multitude.

Après avoir imposé son rôle au pouvoir et choisi le leur, elles ont principalement voulu exiger. Au lieu d'agir comme des citoyens intéressés à aider, à con-seiller, à soutenir pour faire mieux réussir le pouvoir, elles n'ont jamais craint de le mettre comme de le laisser dans l'embarras, et le plus souvent elles se sont conduites à son égard, comme des spectateurs avides d'émotions, enclins à préférer, ou même jaloux de provoquer des situations plus critiques.

Le gouvernement luttait dans l'arène, mais les siens, tous ceux qui auraient dû le soutenir, se tenaient sur les gradins et calculaient ses chances ou excitaient les combattants.

Alors, la situation du pouvoir ainsi compromise, des

hommes sans pudeur, mais habiles à profiter de tout,
ont mis un prix à leur coopération comme à leur neu-
tralité.

Ils ont été payés, et le peuple l'a su.

Celui-ci, inhabile à distinguer quelques ambitieux
pervers des honnêtes gens qui s'abstenaient, à tort,
mais sans songer à mal, les a confondus, et bientôt
l'idée que tous les hommes plus ou moins libres d'approcher du pouvoir s'étaient mis à prix et travaillaient
chacun pour soi en attendant un acheteur, l'a dominé.

Faut-il lui en vouloir, et les déplorables effets que
cette fausse conviction a produits ne furent-ils pas
naturels ?

Doit-on s'étonner qu'un peuple, abusé par les appa-
rences et privé de guide, abandonné de tous ceux qui
auraient dû le diriger, mais tombé aux mains de quelques rêveurs honnêtes, et poussé par une foule d'ambitieux, hypocrites habiles à le vanter comme à le plaindre, ait fini par se persuader qu'il était victime,
victime de l'avidité des classes supérieures de la
société, et que, se trouvant ainsi trop empêché d'acquérir, il ne lui restait plus rien à faire qu'à prendre ?

En conscience, on ne le doit pas.

Funeste, 1848 est une date lugubre; mais ce n'est pas au peuple qu'elle fait le plus honte.

On a dit du pouvoir issu de la révolution de Juillet qu'il était tombé victime de l'indignation soulevée par le mépris.

Celui qui a pu accuser ainsi a dû bien vivement sentir le besoin de se justifier lui-même.

Le pouvoir de Juillet ne s'est jamais rendu méprisable, et tous ceux qui estiment la sincérité dans les intentions comme dans les actes d'un pouvoir constitutionnel, ont toujours dû le respecter.

On l'a vu, ce pouvoir est tombé victime des erreurs de la société française, des classes supérieures de la société française dans la liberté; et si, en se plaçant à ce point de vue, on trouve malheureusement beaucoup à déplorer, il reste cependant encore juste et satisfaisant de reconnaître qu'il n'y eut que peu à mépriser.

Sans attaquer son honneur, on peut cependant faire au gouvernement de Juillet un grave reproche : il a trop peu fait, il a trop négligé de rien faire pour aider le peuple français à prendre les mœurs de la liberté.

Je n'ignore pas, et je ne perds pas de vue, que rien, absolument rien, ne peut forcer un peuple à faire usage, bon et permanent usage, de tout ce que la loi permet, de tous les droits qu'elle accorde à chacun sans punir personne, ni celui qui s'abstient pour ne pas savoir, ni celui qui s'abstient pour ne pas vouloir en profiter.

Mais si rien ne peut y forcer, beaucoup peut y inviter ; et quand il s'agit d'une société qui, même lorsqu'elle possède la liberté, se plaît toujours à beaucoup attendre du pouvoir, celui-ci peut aisément proposer et faire adopter des mesures propres à donner au peuple le goût du devoir dans la liberté, des mesures propres à développer en lui l'esprit d'association.

Cet esprit est en effet l'esprit de la liberté, et pour s'en convaincre, il suffit de voir ce qu'il fait respecter et ce qu'il provoque.

Des associés, des hommes obligés de délibérer en commun, de prendre des résolutions en commun pour agir ensuite ensemble et chacun selon ses moyens dans un même but, des hommes placés dans ces conditions ne pourront évidemment jamais songer à se placer tous indistinctement sous un même niveau, sous le bas niveau de l'égalité ; et d'autre part, l'intérêt de tous ces associés, mis en jeu, leur fera toujours comprendre que le succès de leur société dépend des justes satisfactions que chacun y trouve, et que, par conséquent, ils doivent toujours agir solidairement dans l'intérêt du bien-être moral et matériel commun.

Ainsi, l'esprit d'association porte d'une part à respecter l'inégalité, et de l'autre à pratiquer la fraternité.

A ce double titre, il est l'esprit de la liberté.

Toutes les lois faites, toutes les mesures prises, tous les encouragements offerts pour développer l'esprit d'association sont par conséquent autant de gages de succès, autant de moyens salutaires employés pour introduire dans une société les mœurs de la liberté.

L'esprit d'association est très-peu répandu en France, mais on l'y rencontre concentré sur un point et singulièrement puissant dans ce cas particulier.

Provoqué par tout ce qui tient plus directement à l'honneur comme à l'intérêt national, il brille du plus pur éclat, d'un éclat sans pareil, dans le patriotisme français.

Élevé, cet esprit d'association, pratiqué sans réserve, a fait gagner, comme il sert encore à garantir au peuple français, sa place parmi les nations. Que ne peut-il étendre son empire et faire encore prendre et conserver à ce peuple sa place dans la liberté !

Cet esprit d'association en grand, cet esprit d'asso-

ciation universelle est vraiment remarquable en France,
et il contraste singulièrement avec celui qui se rencontre sur le même point, dans la plupart des autres
contrées.

La France n'est pas comme ces pays qui renferment
dans leurs frontières et comptent sur la limite de leur
territoire une, plusieurs, ou même une suite non inter-
rompue de provinces mécontentes, contenues à peine,
et toujours prêtes soit à se détacher elles-mêmes, soit
à recevoir comme des libérateurs, en leur ouvrant les
portes de l'État, tous les ennemis de leurs maîtres.

Le peuple français n'a qu'un cœur; il bat dans la
Normandie, dans le Roussillon, dans la Provence,
comme dans l'Ile de France; et l'Alsace, toute française par l'amour de la patrie, sourit étonnée, fourbit
ses armes et plaisante toutes les fois que, trop plein de
généreuse pitié, quelque député prussien ose la plaindre à Berlin et parle de la délivrer.

Mais les grandes conjonctures nationales ne sont pas
le cours ordinaire de la vie, et un peuple chez lequel
l'esprit d'association languit aussitôt que son imagination n'est plus vivement excitée doit nécessairement
trop négliger les soins quotidiens à prendre pour se
bien diriger lui-même dans toutes les affaires qui,

pour être moins saisissantes, n'en sont pas moins essentielles au succès dans la liberté.

Or, l'esprit d'association, comme l'exige le service quotidien de la liberté, n'est pas si vaste qu'il puisse aisément tout embrasser et animer sans cesse pour la diriger dans tous les détails une immense population. C'est un lien qui peut réunir la plus grande nation dans les mêmes sentiments généraux mais qui, pour devenir usuel, a besoin de se diviser, pour embrasser des groupes plus petits, où l'intérêt collectif touchant directement à l'intérêt de chaque particulier, peut ainsi plus facilement devenir un objet de commune sollicitude.

En suivant cet ordre d'idées, on se trouve naturellement conduit à reconnaître que l'un des meilleurs moyens à employer pour provoquer l'esprit d'association dans un pays administré comme la France l'est encore, c'est de décentraliser l'administration.

Les intérêts moraux et matériels de Dunkerque sont comme les intérêts moraux et matériels de Bayonne, des intérêts français. A ce titre ils sont les mêmes, et tout commande au pouvoir central de veiller au maintien de cette similitude. Mais les mesures à prendre, les moyens à choisir pour sauvegarder comme pour servir ces intérêts dans chacune de ces deux localités peuvent différer, et en laissant à chaque population le soin de diriger elle-même ses affaires locales, on provoquerait, évidemment, l'esprit d'association, l'esprit d'association renfermé dans un cercle assez étroit pour l'empêcher de languir, et rendu actif dans les conditions les plus propres à faire prendre au peuple les mœurs de la liberté.

Ainsi, pour en revenir au pouvoir issu de la révolution de Juillet, ce pouvoir aurait évidemment rendu le plus grand service à la liberté si, provoquant la décentralisation administrative, il l'eût établie sur la plus large base, sur une base uniquement limitée en vue des besoins internationaux de la France. Proposée dans ces conditions, la décentralisation administrative eût sans doute été bien accueillie. Assurément, rien ne prouve qu'une telle mesure, prise en temps opportun, eût tout sauvé, mais on peut affirmer qu'elle aurait à coup sûr profité au peuple comme au gouvernement, au peuple français directement provoqué par son gouvernement à mieux faire son devoir dans la liberté.

Sur ce point essentiel, comme sur beaucoup d'autres moins importants, mais certainement utiles et relativement faciles, le pouvoir de Juillet, fatalement préoccupé de se défendre, a fait trop peu.

Aujourd'hui le pouvoir est déjà entré et promet encore d'avancer dans une autre voie. Il tend à provoquer l'esprit d'association.

Il faut l'en féliciter. Mais je n'essayerai ni d'estimer ce qu'il a déjà fait, ni d'augurer si ce qu'on nous laisse espérer promet d'être satisfaisant.

Dans ce moment il y a mieux à faire qu'à parler de la conduite qu'a tenue, de la conduite que tient, et de la conduite que tiendra le pouvoir. Si intéressantes qu'elles soient, ces questions sont secondaires, et pour quiconque sait réfléchir, l'intérêt capital dans la situation faite à la France par le gouvernement actuel se résume dans cette question :

Quelle est l'attitude de la société française, libre d'exercer le suffrage universel au sein de l'ordre garanti ?

La France attend, la France attend, dit-on, le couronnement de l'édifice.

En vérité, c'est à n'y pas croire.

Comment ce peuple ne voit-il pas que l'édifice de sa liberté se trouve tout couronné, et que la couronne qu'il porte n'est, ne doit et ne peut être autre chose

que le suffrage universel respecté, libre de manifester
sa volonté et sûr de se faire écouter au sein de la paix
maintenue, en attendant qu'elle règne partout après le
passage difficile que doivent traverser ensemble, pour
finir par se confondre, tous les partis nés de nos révolutions passées.

Qu'est-ce que le suffrage universel?

Le suffrage universel est un devoir imposé et un droit
accordé à chaque citoyen ; le devoir d'apprécier et le droit
d'élire les hommes les plus capables de bien faire dans
le gouvernement les affaires du pays. Si tous les électeurs se trouvaient suffisamment capables de bien apprécier la valeur de chaque candidat, il n'y aurait qu'à
les laisser faire. Car, alors, la majorité d'un peuple
honnête offrant toujours assez de garanties contre l'erreur ou le vice relégué dans la minorité, leur choix,
sans être nécessairement le meilleur, serait cependant
toujours à coup sûr un choix bien autorisé et bon à
respecter.

Mais il n'en est pas ainsi, et le suffrage universel ne
s'est jamais exercé nulle part, il ne s'exerce jamais,
comme il ne pourra jamais s'exercer nulle part dans
ces conditions.

Pour bien apprécier un homme il faut le connaître;

et pour le connaître, il ne suffit ni de l'avoir vu, ni d'avoir appris ce qu'il a fait, ni même de l'avoir fréquenté.

Pour se bien juger les uns les autres, avec connaissance de cause, il faut se comprendre, et ceci exige une certaine parité de vues intimement liée à cette similitude d'éducation qui, sans rien égaliser entre les hommes, les met cependant les uns à la portée des autres.

Tous ceux que le suffrage universel invite à voter, ne peuvent donc pas bien apprécier la valeur du candidat offert à leur choix. Une minorité, numériquement faible et personnifiée dans les classes supérieures de la société, ramifiées et agissant sur elles-mêmes, comme nous l'avons indiqué en commençant, peut seule bien juger et voter en puisant dans son propre fonds. Mais tout le reste du peuple, réduit à choisir sans pouvoir directement apprécier, réduit à choisir en allant du connu à l'inconnu, de l'honnête homme relativement éclairé qu'il sait apprécier à l'honnête homme plus éclairé qu'il ne peut pas apprécier, tout le reste du peuple, ainsi entravé par son ignorance, doit se laisser diriger et voter sur recommandation.

De là résulte : directement, que le suffrage universel

a toujours besoin d'être dirigé ; et subsidiairement, que, dans le cas où les classes supérieures d'une société ne sauraient ou ne voudraient pas prendre cette direction, le pouvoir n'aurait pas à choisir et qu'il lui faudrait lui-même s'en charger. D'autre part, ces mêmes considérations amènent à reconnaître que si le suffrage universel ne devait servir à rien qu'à faire des élections, on pourrait s'en passer et le restreindre en se bornant à nommer électeurs ceux-là seuls qui, chargés d'éclairer le peuple appelé à choisir, déterminent son vote.

Beaucoup de gens de bien, des hommes sincèrement libéraux reprochent au pouvoir actuel la part qu'il se fait à lui-même, et la part qu'il laisse à l'opposition dans le suffrage universel.

Ils le blâment d'avoir ses candidats et se plaignent eux-mêmes de manquer de temps, comme de liberté pour bien diriger les élections.

Cette plainte est puérile, et ce blâme intempestif.

Une presse avertie, trop de formalités à remplir, vingt jours mesurés, des réunions électorales où quinze est un droit et seize un délit, tant d'entraves choquent à coup sûr toutes les idées que réveillent les mots : libre suffrage universel. Mais au fond, les plaintes de tous les libéraux qui s'y arrêtent trop sont mal fondées.

Sous le régime actuel, les classes supérieures de la société française n'ont pas que vingt jours, et ceux qui les composent ne sont pas obligés de se compter par quinzaines pour diriger les élections. Ils sont tous autorisés, bien plus, ils sont tous invités à préparer leur triomphe au scrutin, non pas seulement dans le champ ouvert, pendant le court terme légal fixé aux agitations qui se produisent autour de l'urne électorale, mais sur tous les points du pays et tous les jours de la vie.

Ainsi de quoi se plaint-on ?

On se plaint de l'influence que le pouvoir exerce, du poids dont le pouvoir et tous les fonctionnaires qui relèvent du pouvoir pèsent dans les élections.

En vérité cette plainte manque de dignité.

Car, à supposer, ce qui n'est pas, à supposer que le pouvoir et tous ses employés soient ce qu'ils ne sont pas, à supposer que par crainte de perdre leur place, par besoin ou par avarice, ils soient tous hostiles à la liberté, hostiles à toute idée comme à toute personne libérale ; à tout mettre au pire, à supposer l'impossible, des choses qu'on ne verra jamais en France ; que serait-ce encore, et ne se trouverait-on pas bien autorisé, si, répondant à tous ces honnêtes gens qui se plaignent, on leur disait : Eh quoi ! vous formez un corps immense, vos intentions sont pures, vous êtes éclairés, vous avez des richesses, votre force est sans égale, et vous pourriez redouter une troupe de pauvres gens salariés, inquiets de perdre leur place, payés pour offenser la liberté !

Votre nom est légion, vous êtes la légion qui doit faire honneur à la liberté, et vous auriez peur ! Non, vraiment, cela n'est pas possible, car de votre part ce serait une lâcheté.

Pour vous-mêmes, comme à l'égard de vos adversaires, soyez plus justes et reconnaissez-vous avec eux dans l'amour de la patrie.

Luttez pour vos opinions, la liberté l'ordonne ; faites-les triompher, et vous en jouirez. Mais pour y réussir il n'y a qu'un seul moyen ; la loi vous l'accorde et vous en disposez.

Faites votre devoir, établissez-vous, prenez pied, dans l'esprit comme dans le cœur du peuple. N'y ménagez rien, ni vos lumières, ni votre fortune, ni vos loisirs. Fondez ainsi, en usant de l'inégalité, votre ascendant ligitimé par la fraternité. Rien ne s'y oppose ;

et vous le devez à vous-mêmes comme à l'État. Alors, à la veille des élections, les plus fougueux des vôtres ne seront plus en fièvre, surexcités comme des conspirateurs inquiets du temps qui les presse, de l'œil qui les suit, du doigt qui les compte. Ils iront au scrutin comme des hommes libres et dignes de la liberté, comme des citoyens qui ont toujours fait et qui vont encore faire leur devoir en marchant ouvertement à la tête d'un peuple qui, pour l'avoir éprouvé dans toutes les circonstances de la vie, sait que pour son bien il doit les suivre.

Ici le suffrage universel se révèle dans toute sa beauté, dans toute sa fécondité.

Ce suffrage n'est pas qu'une simple loi électorale, un mode d'élire. Et ce n'est pas, surtout, une satisfaction donnée aux prétentions de tous ceux qui croient bien juger en disant que les affaires de l'État étant l'affaire de tout le monde, la voix de chacun quelle que soit d'ailleurs sa valeur, doit avoir le même poids.

Le suffrage universel, c'est un appel fait à l'inégalité universelle comme à la fraternité universelle ; c'est l'inégalité universelle mise en réquisition pour servir en tout, et la fraternité universelle vivement sollicitée à se mêler de tout.

Voilà sa grandeur.

Et voici son péril.

Il y a deux choses qu'il ne faut jamais demander au pouvoir, à aucun pouvoir : on ne doit jamais exiger ni qu'il se trouve mauvais, ni qu'il se croie superflu.

Tous les pouvoirs se trouvent bons, j'allais dire parfaits, et chacun se croit nécessaire. Il est donc naturel que chaque pouvoir pense à soi et veille à sa conservation.

Ainsi, il n'est pas raisonnable de prétendre qu'un pouvoir, obligé de gouverner avec une assemblée élective, reste, quelle que soit d'ailleurs la physionomie des partis qui s'agitent dans le pays, neutre dans les élections. Il ne le peut, comme il ne le doit, qu'à une condition. Il lui faut savoir que les élections pourront, peut-être bien, le mettre en rapport direct avec des hommes décidés à faire de l'opposition légale, mais qu'elles ne l'exposeront pas à traiter des affaires de l'État avec des députés hostiles, avec des ennemis jaloux d'approcher les bases fondamentales du gouvernement et d'y toucher de plus près pour mieux les renverser.

A cette condition, un pouvoir libéral doit s'abstenir, mais tant qu'elle n'est pas remplie il lui faut agir dans les élections. Et dans ce dernier cas, il n'est que juste de le reconnaître, la loyauté d'un pouvoir qui affiche ses candidats et les seconde ouvertement contraste singulièrement avec la duplicité de ces gouvernements qui vantent l'impartialité et ne désignent personne, mais confient leurs préférences à l'intrigue, aux promesses comme aux menaces prodiguées sous main.

Aujourd'hui, l'état des partis en France oblige le pouvoir à se mêler des élections ; et tout ce qu'on peut exiger de lui, et tout ce qu'il observe en effet, c'est le respect du vote, le respect du vote émis contre lui.

Or, l'histoire l'enseigne, un pouvoir, quelle qu'en soit d'ailleurs la cause, peut tomber en discrédit ; et il est également notoire que tous les pouvoirs ne sont pas également capables ; que celui-ci peut être très-intelligent, et que le suivant peut l'être peu ou point.

Que deviendra, dans l'un comme dans l'autre de ces deux cas, le suffrage universel principalement dirigé jusque-là par le gouvernement. ?

Indocile à la voix du pouvoir pris en aversion ou peu considéré ; point ou trop peu accoutumé à se laisser diriger par ses chefs naturels, par les classes supérieures de la société, par les classes dont l'influence, une fois bien établie, est la seule garantie de stabilité vraiment sûre dans la liberté, le suffrage universel pourra tomber aux mains de ceux qui n'y devraient jamais toucher, s'égarer et tout ruiner en épousant de confiance quelque doctrine malsaine exploitée par des hypocrites.

Considéré à ce point de vue, le suffrage universel est une menace d'anarchie.

Qu'on cesse donc de trop disputer au pouvoir quelques mesures qu'il lui faut encore prendre et qui n'offensent en rien le suffrage universel. Mais que chacun s'applique à les rendre superflues, pour les voir disparaître avec toutes les autres lois qui entravent encore la liberté et dont l'abolition à coup sûr très-désirable est, pour tous ceux qui méconnaissent la vraie valeur du suffrage universel, le couronnement de l'édifice.

On l'a vu : développer l'esprit d'association en offrant au peuple l'occasion de l'exercer dans les affaires locales, est un moyen sûr, relativement lent, mais justement approuvé dans la liberté ; un moyen bien propre à faire prendre comme à développer les mœurs de la liberté.

Mais le suffrage universel subitement introduit en

France est un remède héroïque appliqué contre un mal invétéré, contre l'apathie et les répugnances d'une vieille société encore nouvelle dans la pratique de la liberté.

Pour l'employer dans ces conditions, il faut avoir le bras fort, le coup d'œil juste et conserver, dans le bon sens du peuple, dans le bon sens considéré comme la source et la garantie de toutes les forces vitales du peuple, une confiance à toute épreuve.

Le pouvoir actuel satisfait à ces conditions et les temps sont propices.

Il faut en profiter. La raison le conseille et le plus simple bon sens le comprend.

Que la France cesse donc d'attendre et qu'elle agisse.

Sous d'autres gouvernements, elle aurait déjà pu fonder sa liberté, et elle ne l'a pas fait.

Qu'elle y prenne garde. Si bien douée qu'elle soit, ses ressources peuvent s'épuiser, et la fortune a des lassitudes.

Il y a des voix intimes qui parlent à la conscience des nations. Que la France écoute celle de son bon génie et que chacun de ses fils, pénétré de la vérité, se dise :

Jouir de la liberté ou tomber dans l'anarchie, être ou n'être pas libre avec et par le suffrage universel.

Telle est la question.

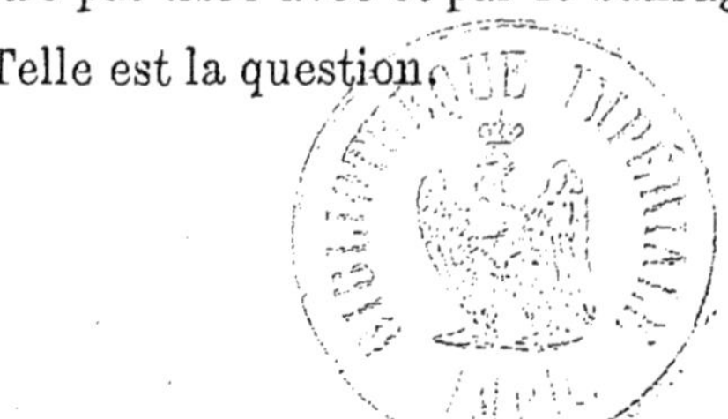

FIN